AF459711

LE MONDE
ESTAMPES

LE MONDE EN ESTAMPES

OUVRAGES DU MÊME FORMAT COMPOSANT LA BIBLIOTHEQUE DES SALONS

LE JARDIN DES PLANTES EN ESTAMPES

D'APRÈS LES DESSINS DE M. PAUQUET

L'HISTOIRE DE FRANCE EN ESTAMPES

D'APRÈS LES TABLEAUX DE M. LELOIR

LA BIBLE EN ESTAMPES

D'APRÈS LES COMPOSITIONS DE M. LELOIR

PARIS. — TYPOGRAPHIE SIMON RAÇON ET COMP., RUE D'ERFURTH, 1.

Imp. Lemercier, Paris.

Dispersion des Peuples.

LE

MONDE EN ESTAMPES

TYPES ET COSTUMES

DES PRINCIPAUX PEUPLES DE L'UNIVERS

LITHOGRAPHIÉS PAR J. BOCQUIN D'APRÈS LES DESSINS DE MM. LELOIR ET FOSSEY

TEXTE

PAR ÉLISABETH MÜLLER

PARIS

AMÉDÉE BÉDELET, LIBRAIRE-ÉDITEUR

20, RUE DES GRANDS-AUGUSTINS

1858

INTRODUCTION

Quand, après le déluge, les eaux dispersées par les vents s'abaissèrent et tarirent, l'arche qui contenait Noé et sa famille s'arrêta sur le mont Ararat, en Arménie.

Les fils du patriarche, Sem, Cham et Japhet, s'établirent en ce lieu, et leurs descendants y devinrent si nombreux, que bientôt cette portion de l'Asie ne put plus produire assez pour la nourriture d'un si grand peuple.

Ils convinrent donc qu'il était nécessaire de se séparer et d'aller habiter en d'autres parties de la terre. Mais auparavant ils résolurent de bâtir une tour si haute, que ce monument rendît leur nom célèbre à jamais.

Déjà l'édifice s'élevait; mais Dieu, pour punir leur orgueil, ne permit pas qu'il s'achevât. Tout à coup ces hommes parlèrent un langage différent, et, cessant de se comprendre, ils durent abandonner leurs travaux.

La sainte Bible nous offre le récit de ce prodige; la tour inachevée retint le nom de Babel, qui signifie confusion.

Dès lors les trois grandes tribus se dispersèrent. On croit que la famille de Japhet vint habiter les contrées orientales de l'Europe. La race de Cham alla peupler le nord-est de l'Afrique et y fonda le royaume d'Égypte; celle de Sem demeura dans les contrées occidentales de l'Asie.

Ces trois familles sont regardées comme les souches des trois principales races d'hommes qui se distinguent l'une de l'autre par la couleur de la peau et les traits du visage : ce sont la race blanche ou caucasienne, qui occupe la plus grande partie de l'Europe, de l'Asie occidentale, et le nord de l'Afrique ; la race noire, qui habite l'Afrique et l'Océanie; la race jaune ou mongole, répandue dans presque tout l'est et le nord de l'Asie.

Parmi les diverses nations issues de ces grandes familles humaines, nous allons choisir, pour les examiner, celles qui, par leurs mœurs, leurs usages, les particularités et les productions des pays qu'elles habitent, peuvent offrir quelque intérêt à notre curiosité.

FRANÇE

La France, contrée du milieu de l'Europe, est une des plus heureuses par son climat, généralement exempt des frimas du Nord et des ardeurs du Midi. Sa nation est une des plus honorées, parce que son peuple est brave, qu'elle a produit en plus grand nombre que toute autre, d'illustres savants, de grands artistes, et une foule de poëtes et de littérateurs. Les autres peuples s'appliquent à parler sa langue et à suivre ses usages, qui semblent les plus conformes à la politesse et au bon goût.

Comme les Gaulois dont il est le descendant, le Français est en général gai, spirituel, franc, poli, mais frivole et inconstant : tels sont les traits du Parisien surtout.

Le territoire de la France nourrit peu d'animaux nuisibles ou dangereux. Il produit en abondance tout ce qui est nécessaire et agréable à la vie.

La Normandie élève dans ses grandes fermes et ses gras pâturages les forts chevaux d'attelage et les meilleures races de bestiaux. La vigne ne peut y croître, mais les champs et les routes sont bordées de pommiers, qui, au printemps, semblent d'énormes bouquets de roses. Avec leur fruit, on fait une boisson agréable et saine, qui est le *cidre*.

Les Normands sont robustes, laborieux, économes, attachés à leur pays et à leurs vieilles coutumes. La haute coiffure que portent les femmes de diverses parties de cette belle province était en usage il y a plusieurs siècles.

La Normandie est la patrie du poëte Malherbe, du grand Corneille, du peintre le Poussin, et de beaucoup d'autres hommes célèbres.

Le sol de la Bretagne, hérissé de rochers, refroidi et bouleversé par de fréquentes tempêtes, nourrit pauvrement ses habitants; mais cette province a donné de grands hommes à la France ; nous nous bornerons à nommer le brave Duguesclin, Duguay-Trouin, l'intrépide marin, Chateaubriand, l'illustre poëte.

Habitué à défendre constamment le produit de son travail contre les intempéries de son climat, le Breton est opiniâtre, réfléchi, mélancolique, brusque, bref dans ses réponses. Le péril ne l'effraye point; il résiste, lutte avec calme, et méprise la mort.

Malgré sa lenteur habituelle et sa gravité, il aime passionnément la danse. A l'exception de quelques mots français qu'il lui a fallu nécessairement apprendre, le Bas-Breton ne parle encore aujourd'hui que le langage barbare qui fut celui des premiers peuples de son pays. Ignorant et superstitieux, il croit aux présages, aux sorciers ; mais, pieux et charitable, il ne manque point aux devoirs de l'aumône et de l'hospitalité.

Il suffit de nommer Bordeaux, ville commerçante, riche et belle, pour songer à ses riches vignobles. N'est-ce pas à l'influence de leurs produits qu'il faut attribuer le caractère du Gascon, pétulant, causeur, satisfait de lui-même?

Dans les Landes, pays stérile et malsain, les habitants, pour parcourir les sables et les marais, s'exhaussent sur de hautes échasses, et savent ainsi vaquer à leurs travaux et courir avec agilité.

Après avoir visité Pau, où naquit Henri IV, nous arrivons au pied des Pyrénées. Chaque année, une foule languissante va demander la santé aux sources qui jaillissent de ces monts. Barège, Cauterets, Bagnères se peuplent alors de baigneurs, et aussi de désœuvrés, qui viennent admirer les sites sauvages, les glaciers, les torrents, les cascades, celle de *Gavarnie* surtout, et le gouffre nommé le *Trou d'Enfer*. Comme les antiques peuples pasteurs, les montagnards des Pyrénées vivent où leurs troupeaux trouvent une pâture. L'été, ils campent sur les parties supérieures de leurs montagnes, l'hiver, ils descendent dans les vallées abritées.

Nous verrons à la hâte Toulouse, la ville savante, où Clémence Isaure insti-

Possey del. Imp. Lemercier, Paris Bocquin lith.

Cauchoise. Marin. Maconnaise. Bretons. Montagnards des H^{tes} Pyrennées. Parisiens. Savoyard.

tua des prix de poésie, où naquit l'abbé Sicard, le bienfaiteur des sourds-muets; NIMES, ARLES, AIX, cités d'origine romaine, ainsi que l'attestent les nombreuses ruines qu'elles conservent; AVIGNON, l'ancienne résidence des papes; MARSEILLE, ville grecque, aujourd'hui l'un des plus beaux ports de France; GRENOBLE, patrie de Bayard.

Au fond d'une gorge profonde, hérissée de rocs et de forêts de sapins, déchirée par les torrents, est la *Grande-Chartreuse*, monastère de l'ordre austère fondé par saint Bruno.

De la montagne à laquelle Grenoble est adossée, nous apercevons les cimes glacées du mont Blanc, l'un des géants de la chaîne des Alpes. A leur pied, est la SAVOIE. Combien n'avez-vous pas entendu raconter d'actes de probité dont les héros sont de petits Savoyards? C'est qu'ils ont reçu de leurs pauvres parents des exemples qui valent mieux encore que des leçons.

C'est dans des rues étroites et sombres, dans des demeures misérables, par les mains de femmes, d'hommes et d'enfants hâves et chétifs, que se fabriquent les étoffes de soie, d'argent et d'or, qui font de LYON la seconde ville de France, par l'importance de son commerce et sa nombreuse population.

Nous ne pouvons achever de parcourir la France sans visiter les Cévennes et les cratères de ses volcans éteints; ces gouffres refroidis et béants sont appelés *puys* dans le pays. Certaines villes de l'AUVERGNE sont construites avec la lave qui coulait autrefois sur leurs flancs en rivières de feu. Les vallées qui s'étendent au pied de ces montagnes sont fertiles, mais la charrue de l'Auvergnat est aujourd'hui semblable à l'instrument grossier dont se servaient ses aïeux il y a trois siècles. C'est encore par des mots d'une langue antique, et qu'il ne comprend pas, qu'il active ou arrête ses bœufs de labour. Aussi, quoique laborieux, il est pauvre; mais, bien qu'ignorant, il connaît ses devoirs et doit être honoré pour sa délicate probité.

Dans quelques contrées du Midi, la PROVENCE, le LANGUEDOC, les regards du voyageur sont d'abord charmés par la pureté constante du ciel; il voit avec surprise croître dans les campagnes, et presque sans culture, l'oranger, le citronnier, le grenadier, qui font le plus riche ornement des jardins du Nord. Mais là, point de prairies dont la verdure molle et douce sous les pas est aussi un repos pour les yeux; l'ardent soleil qui brille dans ce ciel bleu, des vents brûlants, dessèchent l'herbe avant qu'elle couvre la terre. Privé de pâturages, le Midi de la France ne nourrit presque point de bestiaux. Le lait et le beurre y sont rares; on y supplée, dans la préparation des aliments, par l'huile qu'on retire des olives. Les *moustiques*, espèce de gros cousins, et en général les insectes qui incommodent l'homme, abondent dans les contrées méridionales; pour se garantir de leurs attaques pendant le sommeil, il faut, chaque soir, entourer les lits d'une cloche de gaze, appelée *moustiquaire*.

Après avoir vu les riches coteaux de la BOURGOGNE, nous suivrons le cours de la *Loire*. Pacifique et majestueux en été, ce fleuve, que grossissent de nombreux affluents, devient souvent en hiver dévastateur et terrible. Comme le Rhône, il franchit ses bords, et, se répandant sur les campagnes, détruit les villages, entraîne et anéantit les moissons.

Nous ne vous avons pas vanté les magnifiques cathédrales que l'on admire en France : celles de Rouen, de Coutances, d'Amiens, de Bourges, etc. La plus extraordinaire est celle de STRASBOURG, par la hauteur extrême de sa flèche aiguë et découpée à jour. L'horloge qui décore son intérieur est un chef-d'œuvre de mécanique : elle représente notre système planétaire et les constellations.

Dans les départements du Nord qui confinent à la Belgique, les sonneries des églises reproduisent des airs connus. Ces musiques aériennes sont appelées des *carillons*. On les obtient en combinant les timbres que rendent les cloches d'après leur dimension et l'épaisseur du métal, de telle sorte que chacune ait le son d'une note de la gamme. Le carillon de *Dunkerque* est un des plus remarquables.

ESPAGNE

Les Celtes et les Ibères furent les premiers peuples de l'Espagne. Les Phéniciens et les Carthaginois vinrent fonder des colonies sur ses rivages; puis les Vandales, les Visigoths et les Maures se la ravirent les uns aux autres.

Cette vaste péninsule a reçu du Créateur tout ce qui rend une contrée fertile et prospère : ses montagnes lui sont des remparts naturels contre les attaques des autres peuples ; de grands fleuves la traversent et entretiennent, par la navigation, des moyens de communication et de transport entre les diverses provinces ; ses côtes dominent, presque de toutes parts, sur la Méditerranée et sur l'Océan ; son climat est varié, il favorise à la fois la végétation des régions tempérées et celle des tropiques : le nord et le centre de l'Espagne voient croître le pommier, l'olivier, le mûrier ; au midi, le figuier, l'oranger, le citronnier, le laurier-rose, le myrte, donnent leurs fruits rafraîchissants et leurs ombrages parfumés ; la canne à sucre, le cotonnier d'Amérique, y prospèrent comme sur leur propre sol ; la vigne y fournit les vins délicieux de Malaga, d'Alicante, de Rota, de Xérès. Les vallées qui s'étendent au pied de ses *sierras* ou chaînes de montagnes nourrissent des bœufs puissants et des moutons qui donnent une laine moelleuse et fine. Enfin l'Andalousie produit une race de chevaux élégants et vigoureux.

Mais le peuple espagnol, généralement sobre, nonchalant, ennemi de la nouveauté, préoccupé d'ailleurs des grandes luttes politiques qui le divisent, cultive peu ou mal cette terre favorisée. Le commerce de l'Espagne décline ; et cette nation, à laquelle l'or du nouveau monde semblait promettre d'inépuisables richesses, voit son trésor insuffisant à ses besoins.

Des nuances diverses et assez tranchées se font remarquer dans le caractère et les formes physiques des habitants de chaque province d'Espagne : le Biscayen, est fier, irascible, emporté ; le Galicien, à la haute stature, est triste, sérieux, peu sociable, mais laborieux et courageux ; le Catalan est violent, indocile, infatigable ; l'habitant de l'Estramadure a le teint basané, il est indolent, vaniteux, l'Andalous, est appelé le Gascon de l'Espagne ; le pâle Murcien est lent, lourd et ignorant ; le vigoureux Castillan est fier, grave, sévère ; mais tous sont noblement orgueilleux de leur honneur et de leur probité, prudents, constants dans leurs entreprises, et, à ces titres, méritent notre estime et notre respect.

L'imagination brillante des Espagnols a produit de nombreux ouvrages de littérature. Les comédies de Lope de Véga et de Caldéron, *Don Quichotte*, admirable roman, dont l'auteur est Michel Cervantes, ont été, à diverses époques, traduits dans toutes les langues de l'Europe.

Les œuvres de leurs peintres sont des modèles pour nos artistes : Murillo, Ribeira, Velasquez, Zurbaran et Moralès sont les plus illustres.

Les parties méridionales de l'Espagne ont conservé de nombreux vestiges de la puissance des Maures. Leurs mosquées, transformées aujourd'hui en sanctuaires chrétiens, les palais de leurs rois, sont ses monuments les plus admirés et les plus précieux. Tolède est glorieuse de son pont mauresque ; Cordoue possède pour église le temple mahométan qui fut le plus célèbre après celui si vénéré de la Mecque.

« Qui n'a pas vu Séville n'a pas vu de merveille, dit un proverbe andalous. » La cathédrale, ancienne mosquée que surmonte la tour célèbre nommée la Giralda, les palais et le jardin de l'Alcazar justifient seuls cette assurance enthousiaste. La Giralda, bâtie par un architecte arabe, a cent treize mètres d'élévation; on ne monte point à son sommet par un escalier, mais par une rampe si douce, dit-on, qu'un cheval pourrait la gravir au trot. N'avons-nous pas dit déjà que l'Andalous est le Gascon de l'Espagne?

Grenade, la ville aimée des Maures, conserve une des merveilles du goût oriental, le palais de l'Alhambra, qui, par sa magnificence encore splendide aujourd'hui, rappelle à l'imagination les éblouissants tableaux des *Mille et une Nuits*.

Lelor, del — Lemercier, Paris — Bocquin lith

Marchand d'eau. Gens de Valence. Gitanos. Homme de Burgos

Les épaisses murailles de Grenade, alors surmontées de mille trente tours, n'ont pu la défendre contre l'armée chrétienne de Ferdinand, d'Isabelle et de Gonsalve de Cordoue, le *grand capitaine*. Les corps des trois vainqueurs gardent encore leur conquête : ils reposent dans la cathédrale de Grenade.

En diverses autres parties de l'Espagne, le voyageur retrouve la trace de luttes plus antiques : la Catalogne croit posséder les tombeaux des Scipions, et non loin est Barcelone, ville carthaginoise ; Cartagène a la même origine.

Dans un couvent, à Roncevaux, en Navarre, le Français peut contempler des objets qui, à ce qu'assurent les religieux, ont appartenu au preux Roland.

Voyons cependant Madrid ; son titre de capitale réclame contre notre oubli. Son nom arabe signifie *maison du bel air*. Elle a de larges rues, des jardins délicieux, des places spacieuses. L'une d'elles sert d'arène pour les courses de taureaux, plaisir barbare, mais cher aux Espagnols.

Un magnifique pont est construit sur le Mançanarez. Cette rivière n'est, en été, qu'un étroit filet d'eau que l'on peut traverser à gué, ce qui a fait dire à un plaisant « qu'il faudrait vendre le pont pour avoir de l'eau. » Mais, à l'arrière-saison et au printemps, le ruisseau, grossi par les pluies et la fonte des neiges accumulées au sommet des montagnes, devient impétueux et large comme un fleuve, et le pont n'est ni trop étendu ni trop solide pour le contenir et lui résister.

La chaleur du climat oblige les Espagnols à prendre au milieu du jour quelques heures de repos et de sommeil : c'est ce que l'on appelle faire la *sieste*. A ce moment, tout bruit, tout mouvement cesse dans Madrid ; les boutiques se ferment, l'artisan ambulant, le mendiant, se couchent sur le pavé ; tout dort. L'étranger seul, le Français surtout, avide de voir, parcourt encore la cité assoupie ; et, comme les Italiens, chez lesquels la sieste est aussi un usage nécessaire, l'Espagnol, réveillé par des pas solitaires, peut dire : « Qui marche à cette heure, à moins que ce ne soit un chien ou un Français ? »

Mais, dès que les vêpres ont sonné, chacun s'empresse de sortir pour jouir de la fraîcheur de l'air ; de nombreux équipages se croisent sur le *Prado ;* le *Retiro*, les *Délices*, se peuplent de promeneurs, et les plus paresseux demeurent accoudés sur les larges balcons qui garnissent chaque fenêtre des maisons.

Il nous faut admettre parmi les diverses populations de l'Espagne un peuple errant dont l'origine est inconnue ; il n'a point de nom qui lui soit propre : en Angleterre, on l'appelle *Gipties*, *Zingari* en Italie ; en Espagne, où il est nombreux, *Gitanos* ; en France, on le désigne sous celui de *Bohémiens*. Paresseux, voleurs, malpropres, lâches et cruels, ils inspirent partout la défiance, le dégoût et une frayeur mystérieuse. Ils ne connaissent point de Dieu, n'ont point de chefs ni de lois. Leur langage est mélangé de quelques mots indiens. On vante leur talent pour la musique et la danse. Les femmes sont gracieuses et bien faites ; quand elles sont jeunes, elles dansent sur les places publiques ; devenues vieilles, elles se font ce que l'on appelle diseuses de bonne aventure.

En Portugal, la verdure des arbres et des champs renaît deux fois l'année, les vents et les pluies sont les seules rigueurs d'un court hiver ; l'air y est pur et sain, mais les tremblemens de terre y sont fréquents et souvent terribles. Lisbonne subit presque chaque année ce fléau, qui la détruisit presque entièrement en 1755.

Les Portugais sont doux et polis, prévenants envers les étrangers, attachés à leur patrie, fidèles, sobres et charitables. Observateurs zélés des devoirs religieux, ils aiment cependant le plaisir, les spectacles et les cérémonies. La musique est le seul art qu'ils cultivent avec succès. Le Camoëns, auteur de la *Lusiade*, est leur unique poëte célèbre. Mais aucune nation n'a produit plus de savants et hardis navigateurs : Vasco de Gama, Albuquerque, et tant d'autres, ont agrandi le monde par de nombreuses découvertes.

ITALIE

L'Italie est, comme la Grèce, la terre de l'Histoire, de la Poésie et des Beaux-Arts. Là s'accomplirent tous ces grands faits antiques, barbares ou grandioses, qui, dans notre jeunesse, nous ont émus ou surpris ; là fut le théâtre du sauvage héroïsme des Brutus et des Caton ; de la gloire des Scipions, de Pompée, de l'ambition immense, de l'habileté et de la grandeur de César. Là le chef des apôtres est venu fonder le christianisme dans notre Europe.

Sous le règne pacifique d'Auguste, Virgile, le *Prince des poëtes latins*, racontait les malheurs de Troie et les exploits d'Énée, vantait les plaisirs de la vie champêtre, dans des vers qui sont demeurés les modèles de tous les siècles suivants ; Ovide disait l'histoire et les métamorphoses des dieux que la Grèce et l'Italie adoraient alors ; Horace composa ses odes et ses satires.

Aujourd'hui l'écolier étudie à la fois la langue et l'histoire de ces temps dans les écrits éloquents de Tite-Live, de Tacite, de Salluste.

Au siècle de ces grands hommes, l'empire romain s'étendait à toutes les parties du monde connu, et Rome en était la glorieuse capitale. Alors il avait ses Néron et ses Caligula ; mais ses Titus et ses Antonin le consolaient de leurs folies et de leurs cruautés. Des hordes de barbares, attirés en Italie par la douceur de son climat, s'abattirent sur elle et chassèrent de Rome son trop faible empereur. Les Hérules, les Goths, les Lombards, s'établirent dans les riches contrées du Nord et y fondèrent des royaumes, dont s'empara plus tard Charlemagne, le zélateur des sciences et de la civilisation, le défenseur dévoué de l'Église.

Mais les successeurs inhabiles du grand empereur ne surent point conserver ses conquêtes et ses couronnes. Tandis qu'elles tombaient au pouvoir des empereurs germains, la partie méridionale de l'Italie fut envahie par les Sarrasins, que les Normands en chassèrent à leur tour.

Alors les poëtes se turent, car les jeux de l'imagination et de la fantaisie ne peuvent naître que dans le loisir et la paix.

Le quatorzième siècle est l'époque où commence la renaissance des arts en Italie. C'est en ce temps que nous voyons Pétrarque, le Toscan, illustrer la Provence par ses chants doux et plaintifs ; Dante écrire en langue italienne la *Divine Comédie*, poëme grandiose et sévère que les grands admiraient, dont le peuple même apprenait et répétait les vers. Nous nommerons ensuite l'Arioste ; et, plus tard, l'auteur de la *Jérusalem délivrée*, le Tasse, célèbre par son talent et par ses malheurs.

Ces mêmes belles années de la littérature italienne ont vu vivre le Titien, Raphaël, Corrége, Michel-Ange, à la fois sculpteur, peintre et architecte, qui bâtit la magnifique coupole de Saint-Pierre de Rome, l'orna de statues, et peignit sur les murs de la chapelle Sixtine la saisissante image du jugement dernier.

Nul ne poussa plus loin que Benvenuto Cellini l'art de graver les médailles, de ciseler les métaux et de sculpter les camées. Le travail délicat et patient de la mosaïque a eu aussi ses meilleurs maîtres en Italie.

Alors des princes puissants, riches et amis des arts, régnaient à Florence : ils honoraient les poëtes, excitaient le génie des artistes en les priant d'orner leurs palais, et les récompensaient magnifiquement. Plusieurs papes aimaient aussi leurs belles œuvres et en enrichissaient la maison de Dieu. Nous ne dirons pas combien de révolutions les États d'Italie ont subies, quelles vicissitudes l'attristent encore. Elle n'a plus d'artistes, plus de littérateurs célèbres, que ceux qui, comme Sylvio Pellico, trouvent une renommée en nous offrant le récit de leurs malheurs.

Le voyageur, en approchant de Rome, se sent saisi d'une impression de respect, et, quand il pénètre dans la ville, une grande tristesse se joint à ce sentiment. Rome est vaste, ses rues et ses places sont larges, mais paraissent peu peuplées. Les temples, les palais, les portiques, que les regards curieux contemplent avidement, ne sont plus que des ruines qui disent la brièveté du temps et la fin de toutes choses. Quelques-uns de ces monuments ont cependant résisté à l'effort des

Leloir, del. Imp. Lemercier Paris Bocquin lith.

Capucins Paysan des abruzzes Pélerin. Lazaroni. Paysans de la campagne de Rome.

Femme d'Ischia.

siècles : tels sont le Panthéon, temple qu'Agrippa dédia à tous les dieux, et qui est actuellement converti en église; le tombeau d'Adrien, devenu le fort Saint-Ange; un magnifique aqueduc souterrain, bâti sous le règne de Tarquin, pour l'écoulement des eaux de la ville, et qui remplit encore aujourd'hui cette destination.

Le Vatican, palais des papes, est construit sur l'emplacement de celui de Néron. Sur le seuil du Colisée, on songe à la foule de victimes diverses que son arène a vues tomber : aux gladiateurs qui devaient savoir mourir en saluant César, aux martyrs dont la constance héroïque suscitait de nouveaux croyants.

Le peuple de la capitale des États de l'Église est ordinairement sérieux et fort occupé de nombreuses pratiques religieuses; mais rien n'égale la gaieté, la folie même qui s'empare de lui pendant le carnaval.

Les cérémonies si belles de la religion sont surtout pompeuses à Rome. Les étrangers y affluent pendant la semaine sainte. Alors l'immense basilique de Michel-Ange retentit des chants de Palestrina et de Pergolèse, et, quand les jours de pénitence sont accomplis, la foule, pressée sur la place Saint-Pierre, se prosterne, tandis que, du haut d'un portique, le pontife, les bras étendus et les regards élevés, prononce sur elle et sur le monde les paroles de l'absolution.

Le climat de l'Italie est en vérité digne d'être vanté pour sa douceur et sa fertilité. Quelques-unes de ses contrées sont néanmoins éprouvées diversement : le Midi souffre souvent de l'ardeur des vents d'Afrique, du *sirocco* surtout. Lorsqu'il règne, l'air s'obscurcit, les feuilles des végétaux se roulent et se dessèchent, l'homme lui-même demeure privé de force. Les exhalaisons pestilentielles des marais Pontins répandent la fièvre dans la campagne de Rome. Et que dirons-nous des menaces journalières et des colères du Vésuve? Un jour à jamais effroyable, trois villes, Herculanum, Pompei et Strabiæ disparurent sous la lave et la cendre, et il ne resta d'elles que leurs noms. Des villes neuves furent bâties sur ce nouveau sol. Enfin, dans le siècle dernier, comme on creusait un puits, la pioche des travailleurs mit à découvert trois statues placées au fronton d'un temple dans la ville engloutie. Des fouilles furent alors commencées; elles se poursuivirent : Herculanum rouvre ses rues, ses théâtres, ses bains, ses palais et la demeure de ses artisans. L'histoire peut recueillir ainsi chez les anciens eux-mêmes la connaissance de leurs mœurs et de leurs habitudes intérieures.

« Voir NAPLES et puis mourir! » s'écrient les Napolitains. Nous ne formerons point ce souhait enthousiaste; cependant les voyageurs et les géographes s'accordent à nous tracer du golfe, de la ville et du paysage qui l'encadre le plus séduisant tableau. Au dedans, Naples offre un coup d'œil original et animé : les rues, bruyantes, remplies de marchands ambulants, semblent une foire perpétuelle; sur le port, dort au soleil le peuple paresseux et insouciant des *lazaroni*, les portefaix de Naples. Leur nom vient, dit-on, de Lazare, parce que autrefois, comme le pauvre de l'Évangile, ils avaient coutume de vivre sans abri et même sans vêtements. Jadis aussi leur humeur indépendante troubla parfois la paix de Naples et menaça l'autorité de ses souverains. Le lazarone Mazaniello est célèbre par son triomphe et son règne de dix jours. Aujourd'hui ce peuple a sa demeure, son costume particulier; il se soumet aux lois et craint la police, car il est demeuré voleur, comme l'est d'ailleurs généralement le peuple napolitain. Le peu d'argent qu'il gagne suffit largement à lui procurer chaque jour ce qu'il apprécie le plus : une ample ration de *macaroni* et d'eau glacée. Au delà de ces jouissances, il n'en a pas de plus grande que d'assister aux facéties que Polichinelle débite pour lui plaire au théâtre de San Carlino.

Donnons un regard à la célèbre tour penchée de PISE; à la cathédrale de FLORENCE, dont la flèche, si délicatement découpée, fit dire à Charles-Quint « qu'il faudrait la mettre dans un étui. » Au bord des eaux bleues du golfe formé par la Méditerranée, GÊNES, nommée la *Superbe*, étend en amphithéâtre ses palais de marbre blanc. A MILAN, la cathédrale élève dans les airs ses flèches aiguës; trois mille statues décorent à l'extérieur ses niches et ses clochers.

Hâtons-nous enfin de visiter VENISE, l'ancienne et puissante république, Venise la *Riche*. Elle est assise sur quatre-vingts îles réunies par des ponts, ses rues sont des canaux, le bruit des rames remplace celui des voitures. Jadis les gondoliers de Venise étaient célèbres; ils chantaient, comme tout Italien sait chanter, harmonieusement, sans étude; leurs barcarolles étaient les vers du Tasse et du Dante; ils ne sont plus aujourd'hui que de vulgaires bateliers.

Les navigateurs de Venise furent les premiers qui osèrent explorer des mers inconnues. Ce fut en méditant la relation des voyages du Vénitien Marco Polo que Christophe Colomb conçut l'espoir de découvrir un monde nouveau. La boussole fut inventée à Venise par Flavio.

TYROL — SUISSE

Oublions les merveilles des arts, les ouvrages des hommes, traversons les Alpes sur les traces d'Annibal, de Charlemagne et de Napoléon. Nous voici seuls avec la nature la plus agreste, au milieu de peuples chasseurs et pasteurs.

Fort et laborieux, le Tyrolien sait arracher quelques moissons à son sol rocheux et crevassé par les torrents; partout où se trouve un peu de terre cultivable, que ce soit sur les sommets escarpés ou dans le fond des précipices, il le met à profit. Malgré son activité, il ne pourrait cependant subsister uniquement du produit de son âpre contrée, s'il n'y joignait les ressources de son industrie. Qui le croirait? l'élevage et la vente des serins des Canaries lui est une abondante source de profit. Les Tyroliens ont généralement le génie des arts mécaniques; ils fabriquent des constructions en bois, dont toutes les pièces, ajustées avec une grande précision, se démontent et se vendent au loin. Chez eux, point de meuniers pour moudre leur blé ou presser les graines qui donnent l'huile. Chaque montagnard sait être le sien; il profite de l'aide que lui offrent les chutes d'eau qui sillonnent ses vallées et les charge de communiquer le mouvement à des roues qui remplacent la force et le nombre de bras. Un voyageur allemand dit avoir vu un enfant dans son berceau balancé doucement par le secours d'un mécanisme que l'eau faisait mouvoir. Les femmes s'occupent aussi fructueusement; elles tricotent, cousent des gants, brodent sur la mousseline, ou tressent des chapeaux de paille. Beaucoup de Tyroliens émigrent pendant l'hiver; les uns chassent le chamois et le bouquetin; d'autres vont recueillir des plantes médicinales; d'autres encore voyagent en colportant de menues marchandises. Ce peuple est probe, religieux, sévère dans ses mœurs, ami généreux, fidèle à son souverain, défenseur dévoué de son pays.

Les Tyroliens ont un chant guttural et sonore qui semble inventé pour frapper les échos des montagnes; il n'est pas sans charmes, et nos compositeurs en imitent l'effet dans des mélodies qui sont nommées *tyroliennes*.

Des pics aigus, couronnés de neiges éternelles; des cascades écumantes, des torrents, des abîmes, au-dessus desquels planent le vautour et le milan, où l'aigle poursuit le chamois; des forêts profondes où se cachent l'ours, le renard, le lièvre blanc; des cavernes où dort la marmotte; des lacs limpides, des glaciers immenses, hérissés comme les vagues d'une mer pétrifiée, et de grandes vallées où tintent les clochettes des troupeaux : tel est l'aspect varié de la Suisse. Tant de voyageurs l'ont visitée et nous ont décrit ses beautés, que nous nous bornerons à rappeler ce qu'ils ont admiré : l'immense cataracte que forme la chute du Rhin à Laufen, la ville et le lac de Thun, les glaciers de Grindenwald, la cascade de Staubach, la cathédrale de Fribourg et son pont suspendu, et enfin les bords charmants du lac de Genève.

Les premiers peuples de la Suisse furent, on le croit, des habitants du nord de l'Italie fuyant devant l'invasion des Gaulois. Au huitième siècle, ils résistèrent courageusement aux Huns, aux Hongrois, aux Arabes; puis, toujours plus aguerris et plus fiers de leur liberté, ils repoussèrent, à la voix de Guillaume Tell et de ses compagnons, la tyrannie de Rodolphe de Hapsbourg. Les vingt-deux cantons de la Suisse forment une alliance ou confédération indépendante. Elle n'a point de capitale proprement dite : Berne, Lucerne, Zurich, jouissent tour à tour de cette prééminence; les assemblées politiques et savantes se tiennent alternativement dans les différents chefs-lieux, et dans cet heureux gouvernement le bien de tous est la loi de chacun.

Les Suisses de tous rangs, les paysans même, aiment la littérature et les arts. Ils ont eu peu de poëtes et d'artistes, il est vrai, cependant toute l'Europe connait les idylles de Gessner; les deux Holbein, peintres célèbres, sont nés à Bale, comme aussi les savants géomètres Euler et Bernouilli.

La franchise, la gaieté, l'amour du travail, sont des qualités communes à tous les Suisses. Les hommes, endurcis dès leur enfance à tous les exercices du corps,

Fassy del. Imp. Lemercier, Paris Bocquin lith.

Femme de Brientz — Casseuse de chanvre — Bernoise. — Tyrolien. — Fiancés du Canton de Fribourg — Jeune pâtre.

à la course, à la lutte, à la chasse, au maniement des armes, deviennent d'excellents soldats. Souvent ils ont servi dans nos armées. Leur attachement à leur pays est extrêmement vif : lorsqu'ils en sont éloignés, son souvenir les touche et leur inspire un profond regret. On a ouï dire à leurs chefs militaires que le son d'une cornemuse jouant l'air montagnard appelé le *Ranz des vaches* causerait la désertion d'un régiment tout entier.

Leur respect pour leurs anciennes coutumes est une suite de cet amour du pays. Chacun des vingt-deux cantons suisses a son costume particulier; il en est de si riches et de si gracieux, qu'on les voit souvent reproduits dans nos salons par les dames lors des travestissements du carnaval.

Un voyage en Suisse n'est pas sans émotions et sans dangers, quoique de nombreux et grands travaux faits depuis quelques années en aient singulièrement facilité l'accès. Des routes larges et doucement inclinées circulent autour des flancs du mont Cenis, du Simplon. Les attelages descendent maintenant d'un pas tranquille et sûr là où autrefois un traîneau, glissant sur la neige, dans des sentiers étroits, entre les pointes des rocs et d'affreux précipices, entraînait le voyageur frappé de vertige par cette course rapide appelée du nom expressif de la *ramasse*. Au mont Saint-Bernard, la religion et la charité ouvrent un asile de repos à ceux qui veulent parcourir ces cimes désolées.

A la hauteur où l'hospice est placé, l'hiver dure huit mois; la rudesse de la température s'oppose à toute espèce de végétation. La verdure de quelques laitues, de quelques choux, que les religieux parviennent à faire croître dans leur petit enclos, récrée seule leurs yeux. Ces bons solitaires sont au nombre de dix ou douze seulement. Lorsqu'ils sortent, et que la quantité de neige les empêche de marcher assez vite pour se réchauffer, ils frappent constamment leurs pieds et leurs mains contre de grands bâtons ferrés qu'ils portent toujours avec eux.

C'est un spectacle touchant que la vue de ces hommes charitables réchauffant, restaurant les voyageurs, soignant ceux que l'air trop vif de ces régions de la montagne a suffoqués. Mais où brillent surtout leur zèle et leur activité, c'est dans la recherche des malheureux que l'avalanche a ensevelis! Lorsque les victimes ne sont pas enfoncées profondément sous la neige, les chiens, beaux et forts, dressés à ce service, les découvrent aisément; mais, lorsqu'une enveloppe trop épaisse met en défaut leur odorat, les religieux vont avec de grandes perches sonder de place en place, et si, selon la résistance qu'ils éprouvent, ils reconnaissent qu'ils touchent un corps humain, ils déblayent promptement la neige, rapportent chez eux le mourant, le gardent, le soignent jusqu'à sa parfaite guérison, sans rien exiger de lui pour prix de leurs peines et de leur hospitalité.

Les avalanches sont le fléau de la Suisse. Les unes consistent en une quantité prodigieuse de neige que le froid a réduite en poussière fine et dure comme le sable; le vent la soulève, la transporte en tourbillons si épais qu'ils obscurcissent le ciel, étouffent et ensevelissent les hommes et les animaux.

Au printemps, une autre espèce d'avalanche est plus terrible encore : la chaleur de la terre fond le dessous des épaisses croûtes de neige étendues sur le penchant des montagnes; elles se détachent, et, glissant sur la pente qui les supporte, se pelotent en une masse énorme qui roule au fond des vallées avec un fracas épouvantable, entraînant avec elle des forêts qu'elle déracine, des rochers et des villages tout entiers.

ALLEMAGNE

L'Allemagne est la mère patrie de toutes ces hordes guerrières qui ébranlèrent le vieux monde au moyen âge et conquirent les contrées civilisées d'Europe. C'est la terre des Sicambres et des Francs nos aïeux, des redoutables Goths, des Hérules féroces, des Vandales ravageurs, des Teutons et des Slaves, des Saxons et des Angles, des Allemands enfin, dont la vieille Germanie a retenu le nom. Elle est vaste et peuplée. Pour juger de son étendue, il suffit de remarquer qu'elle touche à presque toutes les autres contrées d'Europe, à l'Italie, à la Suisse, à la France, à la Belgique, à la Hollande, à la Suède, à la Russie et à la Turquie d'Europe. Nous n'essayerons pas de suivre l'histoire des événements auxquels elle a dû ses divisions successives en divers États si différents les uns des autres par leur étendue, leurs gouvernements, leurs dénominations d'empires, de royaumes, de duchés, de principautés, de cercles, de provinces, d'électorats, de margraviats, de villes libres, répartis aujourd'hui en trois grandes classes appelées le royaume de PRUSSE, l'empire d'AUTRICHE et la CONFÉDÉRATION GERMANIQUE.

Les mines d'or, d'argent, de fer, de plomb, de cuivre de la HONGRIE, les saphirs, les topazes, les rubis, les grenats de la BOHÊME, les eaux minérales de BADEN, de WIESBADEN, les chevaux du MECKLEMBOURG, les forêts de la Prusse, l'ambre de la Baltique, les vins de TOKAI et de JOANNISBERG, sont les richesses naturelles de l'Allemagne. Les porcelaines, les laines, les toiles de SAXE, les cristaux de Bohême, les bijoux en fer de BERLIN, sont les produits de son industrie. Nous ne dédaignerons point de mentionner aussi les jouets et les poupées de NUREMBERG.

Le Prussien robuste et laborieux fournit de bons soldats. Le Wurtembergeois est franc, naïf et gai ; sa brusquerie et la rudesse de son langage l'exposent aux railleries des autres nations allemandes. Le Saxon est sociable et instruit comme aussi l'habitant de FRANCFORT ; le Hambourgeois gastronome est amateur de voyages et d'histoire naturelle ; l'Autrichien est doux, grave et religieux, le Hongrois est hospitalier malgré sa pauvreté. Les Allemands sont généralement réfléchis, studieux, aptes aux sciences abstraites. Ils ont produit les astronomes Copernic, Kepler, Herschell, le mathématicien Leibnitz ; et le roi Frédéric, que la Prusse reconnaissante a surnommé le Grand, fut non-seulement un sage législateur, mais un poëte et un savant philosophe.

Les œuvres des poëtes dramatiques allemands, Goëthe, Schiller, Klopstock, Kotzebue ; la musique de Beethoven, Mozart, Weber, etc., sont toutes empreintes d'un génie contemplatif, rêveur, mélancolique. La musique est surtout l'art cultivé par eux dans tous les rangs. Souvent, le soir, la ville retentit d'accents mâles et mélodieux : ce sont des étudiants qui, en se promenant, chantent en chœur des hymnes religieux ; il n'est pas rare de trouver dans la chaumière des paysans un clavecin sur lequel ils savent improviser quelques airs.

L'Allemagne a eu aussi des peintres célèbres : entre autres Albert Durer. Overbeck ; Rubens, que l'école flamande compte parmi ses maîtres, naquit à Cologne.

Nous ne vanterons point l'architecture moderne des palais et des édifices divers qui décorent les villes d'Allemagne ; mais nous applaudirons à la pensée compatissante qui en a consacré un si grand nombre aux pauvres et aux orphelins. Les rues de ces villes sont alignées, larges, bien pavées ; mais l'aspect en est monotone et triste ; toutefois les grandes capitales sont spacieuses et magnifiques, et surtout enrichies de bibliothèques nombreuses et de musées précieux. Telles sont DRESDE, MUNICH, VIENNE, BERLIN. Près de cette dernière est le lieu de plaisance des rois de Prusse, POTSDAM, qui compte au nombre de ses châteaux celui de *Sans-Souci*, gaie demeure dont un de nos poëtes français nous a raconté l'histoire. La chambre à coucher de Frédéric, sa bibliothèque, ses meubles favoris, y sont conservés avec soin.

Mille souvenirs de notre histoire dominent les rives du Rhin. Après COLOGNE, où

Fussey del. Imp. Lemercier, Paris Bocquin, lith.

F[es] de Bade et de Saxe Bohémienne F[e] de Coblentz Paysan des environs de Hambourg. Bade. Bavière. F[e] de Francfort s.-Mein

mourut exilée et misérable Marie de Médicis, Cologne dont la cathédrale, demeurée inachevée depuis six siècles, est cependant un chef-d'œuvre d'architecture gothique, nous visiterons Aix-la-Chapelle, qui vit naître et mourir Charlemagne. Elle nous garde son tombeau, le reliquaire d'or qu'il ne quittait jamais, son cor de chasse en ivoire et son trône de marbre blanc sur lequel autrefois siégeaient les empereurs d'Allemagne après la cérémonie de leur couronnement dans la cathédrale. Ce souvenir d'une époque glorieuse nous conduit à Paderborn, qui vit le dernier effort de Witikind et de ses Saxons contre Charlemagne. Enger conserve le tombeau du chef barbare devenu chrétien après sa défaite ; on y montre aussi ses vases de festin.

Andernach possède les ruines du palais des rois d'Austrasie ; Trèves était la splendide capitale d'une portion de notre Gaule, nommée Gaule chevelue, à cause de la longue chevelure qui parait son peuple, les blonds *Treviri*.

Beaucoup d'autres sont fameuses dans les pages de nos annales par des combats livrés ou par la conclusion de traités qui rendaient la paix à l'Europe.

Il est un vaste territoire qui jadis était compté au nombre des contrées d'Allemagne, c'est la Pologne. Sa nation était alors libre, savante, belliqueuse et respectée ; Cracovie était sa capitale ; Varsovie et de nombreuses provinces formaient autant de grands duchés qui relevaient l'éclat de cette grande monarchie ; ses rois méritaient le surnom de Grand ; son étendue, sa population nombreuse, la fertilité de son sol, malgré la rigueur du climat, rendaient la Pologne forte et heureuse. Mais ce peuple, qui sous Boleslas chassait les Mongols ; qui, conduit par Casimir, vint camper trois fois sous les murs de Moscou ; qui au temps des Jagellons conquérait toutes les contrées qui environnent la sienne, trouva en lui-même la cause de sa ruine : les nobles Polonais, turbulents, orgueilleux, disputèrent le pouvoir aux rois en même temps qu'ils réduisaient à l'esclavage le reste de la nation. Épuisée par ses désordres intérieurs, la Pologne, malgré les efforts héroïques de Jean Sobieski, tomba sous les coups réunis de la Prusse, de la Russie et de l'Autriche, qui se partagèrent son territoire. Désormais exclue du nombre des royaumes, elle n'est plus actuellement qu'une province russe.

L'asservissement n'a point changé le caractère de son peuple : toujours fiers, toujours amateurs du luxe et du faste, les nobles Polonais riches croiraient indigne d'eux de sortir à pied ; la musique accompagne leurs repas, qui leur sont servis avec un cérémonial respectueux par de nombreux domestiques. Ils aiment le jeu et jouent argent, bestiaux, terres et châteaux. Les nobles pauvres sont souvent réduits à servir les riches, mais ceux-ci ont soin de leur adoucir cette humiliante nécessité par toutes sortes d'égards, car ils sont d'ailleurs généreux et hospitaliers.

Les juifs, cette nation qui depuis dix-huit siècles n'a pu se reconstituer un État particulier en aucun lieu de l'univers, forment une partie considérable de la population polonaise. Ils sont pour la plupart commerçants ou aubergistes. Dans chaque ville ils ont des juges et des chefs choisis par eux parmi leurs anciens et leurs rabbins ou *seigneur des savants* ; et un chef supérieur soumis au chef général, qui réside en Asie et porte le titre de *Prince de l'Esclavage*. Les bohémiens sont nombreux en Pologne, et plus encore en Hongrie.

TURQUIE D'EUROPE — PROVINCES DANUBIENNES

Au quat ième siècle, Constantin, que la paix donnée par lui à l'Église a fait surnommer le Grand, abandonna Rome, témoin de ses crimes et de ses regrets, et choisit pour capitale de l'empire l'ancienne Byzance. Il la rebâtit, l'orna d'objets d'art, qu'il ravit pour elle à la Grèce, et la nomma *Neu Roma*, c'est-à-dire Nouvelle Rome. Après sa mort, elle fut appelée de son nom, CONSTANTINOPLE.

Les successeurs de ce prince firent deux parts de son héritage : l'une forma l'empire d'Orient ou empire grec chrétien. Des révolutions changèrent son nom et les dynasties de ses empereurs; mais il conserva toujours Constantinople pour sa capitale.

Mahomet, le conducteur de chameaux, avait prêché en Arabie une religion dont il se disait le prophète; se formant une armée de tous ceux qu'il convertissait, il avait pris la Mecque, et, le sabre à la main, il imposait aux nations de l'Asie les préceptes de son *Coran*. Ses successeurs, sous le titre de *califes*, qui signifie *vicaires*, continuèrent ses prédications et devinrent tout-puissants en Perse, en Espagne, en Égypte.

Des peuplades tartares, appelées les Turcomans, poussées par les Mongols, vinrent s'établir en Asie Mineure, embrassèrent le mahométisme, et, s'enrichissant de la conquête de quelques provinces, formèrent un État puissant sous un chef, nommé Othman, qui prit le titre de *sultan*, c'est-à-dire seigneur.

Le conquérant Amurat Bajazet, surnommé l'*Éclair*, et après lui ses fils, continuèrent les expéditions et les succès de leurs aïeux : ils s'emparèrent de la Grèce, de la Bulgarie, de la Hongrie, firent trembler Vienne, prirent et saccagèrent Constantinople, qu'ils conservèrent cependant pour capitale de l'empire TURC OTTOMAN, ainsi appelé d'Othman, son fondateur.

Cette contrée, vaste et très-peuplée, n'est riche que de sa fertilité naturelle; car elle est mal cultivée; l'industrie n'y produit que fort peu d'objets estimés : ce sont des essences, des maroquins, des tapis et des armes. La Servie, la Moldavie, la Valachie ou principautés danubiennes, n'appartiennent point à la Turquie; mais, comme l'Égypte et une partie de l'Arabie, elles lui payent un tribut.

L'Albanais robuste, farouche et avide de butin, lui fournit un corps de soldats intrépides. Près de ce peuple habitent les Monténégrins guerriers. Ils ont su conserver leur gouvernement particulier et ne sont que de nom sujets de la Turquie. Gardiens vigilants de leurs montagnes et de leur liberté, tous portent le fusil, depuis l'évêque jusqu'au berger. On reconnaît dans ces diverses nations les enfants des Thraces, des Scythes et des Sarmates indomptés : ils méprisent les usages des nations civilisées, et ne veulent devoir qu'à leurs armes leur subsistance et leur sûreté.

L'aspect de Constantinople, placée entre deux mers, ravit les yeux du voyageur. Les hauts minarets et les dômes de ses mosquées s'élèvent parmi des bouquets de palmiers et d'arbres odoriférants; une foule de navires circulent dans le détroit et se pressent dans son vaste port. Mais, quand on a pénétré dans la ville, le désenchantement et le dégoût succèdent à l'impression qu'avaient produite ces tableaux riches et frais : ses rues étroites, tortueuses, sales et mal pavées, sont bordées de baraques bâties en bois et en terre. Ce mode de construction est la cause de fréquents incendies. La malpropreté favorise aussi les ravages de la peste, qui sévit presque chaque année à Constantinople.

Les descendants des Turcomans barbares se sont souvent montrés ennemis de la science et des arts. Certaines pages sinistres de leurs annales, leurs lois politiques, et quelques-unes de leurs coutumes prouvent la rudesse inflexible, l'orgueil impérieux, qui font le fonds de leur caractère. Il n'y a pas longtemps encore que, confondant dans un brutal mépris toutes les nations étrangères à la religion musulmane, ils les désignaient par le nom insultant de *rajahs*, qui signifie troupeaux. Mais, depuis que quelques-uns de leurs sultans, plus éclairés, ont admis dans les écoles de l'empire les formes plus humaines et les enseigne-

Fossey del. — Imp. Lemercier, Paris

Religieux Moldave. Paysans de la Valachie. — Circassiens. — Femme Moldovalaque.

ments que l'Europe professe, les mœurs turques se sont adoucies, et l'instruction a fait quelques progrès.

On trouve chez eux des vertus hospitalières qui font opposition avec ce que nous avons dit plus haut. Des auberges publiques appelées *khans* ou *caravansérails* sont ouvertes aux voyageurs de toutes les nations, et ils y trouvent gratuitement un abri. Les riches ont le soin d'entretenir des auberges et des fontaines pour rafraîchir les piétons et satisfaire aux ablutions prescrites par la religion. Une charitable sollicitude s'étend même jusqu'aux animaux domestiques : non-seulement on respecte leur vie, mais on ne s'oppose point à ce qu'ils dérobent leur nourriture dans les habitations et dans les champs cultivés. A Constantinople, les chiens et les chats sont si nombreux, qu'en dévorant les immondices jetés sur la voie publique ils suffisent presque pour en débarrasser la ville.

Constantinople est peuplée de Grecs, d'Arméniens, de juifs, de chrétiens de diverses sectes. Sous l'habit européen qu'il a adopté, le Turc se fait reconnaître par son aspect grave et cérémonieux; il marche d'un pas lent et mesuré, son geste est solennel, sa parole concise et discrète; il est peu sociable. Lorsque ses affaires ne l'appellent point au dehors, il demeure chez lui silencieux et pensif; accroupi sur des coussins, il aspire nonchalamment dans une longue pipe la fumée d'un tabac parfumé, et savoure le café ou des breuvages glacés. Il ne s'arrache à cette somnolence qu'aux heures fixées pour la prière. Alors il purifie ses mains et son visage, se prosterne, et, tourné vers la Mecque, il invoque *Allah*, c'est-à-dire Celui qui veut être adoré.

Le Coran interdit le vin à ses sectateurs. Pour remplacer l'ivresse qu'il procure, les Orientaux fument ou boivent de l'opium. Ce poison, en agissant sur leur cerveau, leur inspire des espèces d'extases et de rêves délicieux qui sont pour eux une grande jouissance, mais il a sur la santé un effet pernicieux; il obscurcit l'intelligence et abrége la vie.

Les femmes ne peuvent sortir sans qu'un voile couvre leur visage. Celles des grands demeurent enfermées dans des appartements spéciaux que l'on appelle *harems*. Là, privées des jouissances que donnent l'instruction et le travail, elles n'ont d'autres ressources contre l'ennui que le soin de se parer magnifiquement, de peindre leur visage et de lustrer leurs ongles.

Le sérail est l'enclos qui renferme le palais, les jardins du sultan, la demeure de ses esclaves et de ses officiers. Le sérail de Constantinople ressemble plutôt à une citadelle qu'à une demeure royale; ses murailles, hautes et crénelées, sont fermées par neuf portes; une d'elles, très-ornée et fort belle, a fait donner à la réunion des ministres qui composent le conseil du sultan le nom de *Sublime Porte* ou de Porte Ottomane.

Le sultan est non-seulement le chef du gouvernement, mais celui de la religion. Toutefois il confie ordinairement le soin des affaires de l'État à son *vizir* ou ministre, et celles du culte à une sorte de grand prêtre, nommé le *muphti*. Son autorité sur ceux qui occupent des fonctions à sa cour est sans bornes : il peut disposer à son gré de leurs biens et même de leur vie; mais ce droit suprême lui est interdit en ce qui concerne les autres sujets de l'empire.

Les peuples des provinces danubiennes, tributaires de la Turquie, sont chrétiens selon le rite grec. Par leurs mœurs douces et leur goût pour les arts et la poésie, ils contrastent singulièrement avec l'État dont ils sont les vassaux. Ils aiment surtout la musique, et elle s'allie harmonieusement à leur langue élégante et riche. Leurs chants nationaux, dont on admire la naïveté originale, ne sont souvent que des improvisations dont le sujet est puisé dans l'histoire de leurs pays et les faits d'armes de leurs grands hommes. La vie serait facile et heureuse sur le sol fertile des principautés; mais, placées entre la Russie qui les protége et la Turquie qui les convoite, elles sont le théâtre des luttes fréquentes que se livrent ces deux puissances, et ont toujours tout à redouter du ressentiment des vaincus ou de l'exigence des vainqueurs.

Deux motifs nous obligent à écarter de notre entretien ce qui a rapport à la Circassie : elle est tributaire de la Russie, et, en second lieu, devrait prendre rang parmi les contrées d'Asie.

GRÈCE

Les abeilles bourdonnent encore sur le mont Hymette, et donnent comme autrefois leur miel parfumé; les oliviers croissent toujours sur le sol d'Athènes, les vignes de Corinthe sont toujours chargées de grappes, mais les générations de cette terre ont passé : les arts, la philosophie, l'héroïsme et la gloire ont fait place à l'ignorance et à la servitude; les dieux sont oubliés, les ruines de leurs temples jonchent le sol. Nul lieu du monde ne dit plus haut que la Grèce le néant des choses humaines et la vérité de cette parole de l'Écriture : « Leur vie passe comme l'herbe qui s'élève et fleurit le matin, et qui, le soir se dessèche et tombe. »

Les Pélasges et les Hellènes, ou *Græci*, qui donnèrent leur nom à tous les Grecs, furent les premiers peuples de ces contrées. Les plus anciennes constructions dont il soit resté quelques débris sont attribuées aux Pélasges. Les pierres n'y sont unies par aucun ciment. On appelle monuments cyclopéens quelques-uns de ces grossiers édifices formés de blocs énormes et bruts qui semblent n'avoir été transportés que par une force surhumaine.

Les Phéniciens apportèrent en Grèce le culte de Saturne. Peu à peu, quelques villes honorèrent Cérès, Minerve, Vénus, Apollon, Diane. On consacra le Parnasse aux Muses, des forêts furent vouées aux Furies; mais le culte de Jupiter, introduit par les Égyptiens, fut plus universellement adopté.

La fable et l'histoire, souvent confondues, nous parlent des rois de Thèbes, de Corynthe, d'Argos, d'Ithaque, de Pylos; mais Sparte et Athènes, ces deux villes si différentes dans leur gloire, ces deux villes toujours rivales, conquièrent toute notre attention jusqu'au temps où les exploits de Philippe et les conquêtes d'Alexandre le Grand donnent à la Macédonie la domination de la Grèce.

Depuis lors ce pays ne produit plus rien de grand que les efforts inutiles de la ligue achéenne pour l'arracher aux Romains. Philopœmen, chef de cette alliance patriotique, est le *dernier des Grecs*.

Du joug des Romains, la Grèce tombe ensuite sous celui plus humiliant des Turcs.

Les descendants dégénérés des soldats des Thermopyles et de Marathon souffraient depuis quatre siècles la domination musulmane. Ils se réveillèrent enfin, et, aidés par la France, l'Angleterre et la Russie, retrouvèrent à la bataille navale de Navarin la valeur des anciens jours.

Le siége de Missolonghi retint pendant une année les efforts d'une armée ottomane et lui coûta treize mille hommes. La ville succomba à une seconde attaque, mais elle ne livra aux vainqueurs que des ruines et des cadavres : l'Albanais Botzaris, chef des assiégés, s'était fait sauter avec les murailles et la garnison.

Depuis quelques années seulement, la Grèce est libre, elle a son roi chrétien. Toutefois la plupart de ses peuples font partie d'une Église séparée de la nôtre en quelques points de la foi et du culte. Ils ne sont point soumis au pape; un chef de leur religion réside à Constantinople, et a le titre de Patriarche.

Bien qu'elle ait reconquis une place parmi les nations, la Grèce actuelle n'a plus rien de glorieux que ses souvenirs; sa langue n'est plus celle d'Homère et des poëtes du siècle de Périclès, et aucune œuvre moderne ne révèle de successeurs à ces grands hommes. Les conquérants lui ont ravi les chefs-d'œuvre de Phidias et de Praxitèle; c'est en mille endroits divers qu'il a fallu les découvrir et les admirer. La Grèce n'offre plus guère à l'étude des artistes et des savants que des monuments mutilés, des inscriptions effacées.

Le caractère de son peuple est la portion la plus complète qu'il ait retenu de l'héritage de ses pères : l'inconstance, la vanité, la probité douteuse, l'esprit railleur et frivole, sont encore ses traits distinctifs. Comme autrefois, les Athéniens sont polis; leur élocution est facile, leur langage expressif, leur imagination vive : l'instruction en ferait aisément des orateurs et des poëtes. Les traits du visage

Homme du peuple à Athènes. Jeune fille et servante Athénienne. Palicares de Selleide. (chef et soldats)

de leurs femmes présentent toujours les lignes droites et pures des statues antiques, et leur costume même rappelle la simplicité et la liberté de la *chlamyde* et du *peplum*.

Les Mainotes, descendants des Spartiates austères, ont conservé les vertus de leurs ancêtres : sobres, courageux, ils ont toujours résisté à la domination des Turcs et ont puissamment contribué à l'affranchissement de la Grèce.

Le sol de ce pays est hérissé de montagnes escarpées. Les peuplades qui les habitent se sont souvent rendues redoutables aux pachas dont elles dépendaient. Retranchées dans leurs gorges profondes comme en une forteresse, elles dominaient la campagne et leurs agresseurs et leur portaient des coups assurés. Cette nécessité incessante de défiance, cette guerre d'ambuscades, cet isolement, ont fait de ces montagnards des sauvages sanguinaires et pillards. Il faut attendre du temps, de la paix, des soins du gouvernement régulier qui est rendu à la Grèce, la réparation des maux que le despotisme a produits.

Déjà Athènes fonde des sociétés savantes, des bibliothèques et des galeries d'antiquités; les Français encouragent ses efforts, ils y ont établi une école. Le Pyrée rouvre son port aux vaisseaux de commerce, les siècles futurs verront peut-être une renaissance de la Grèce.

Sans la guerre, plus implacable que le temps, la Grèce posséderait encore une partie de ses monuments; l'air pur et sec de son climat conserve à la pierre et aux marbres une teinte de nouveauté dont l'œil est étonné. Le temple de Thésée et les Propylées, à Athènes, offrent un ensemble assez complet; mais il ne reste que des débris du Parthénon, que Périclès fit élever et que Phidias orna de son chef-d'œuvre, la statue colossale de Minerve. La sage et savante déesse était sculptée dans l'or et l'ivoire, elle fixait sur ses adorateurs des yeux d'émeraude, dont la transparence semblait un regard profond et majestueux.

Ces beaux marbres de l'île de Paros, qui prenaient vie sous le ciseau des grands artistes, ne servent plus actuellement qu'à fabriquer des mortiers et des salières.

Délos, qui, lors des fêtes d'Apollon, voyait accourir la Grèce entière, n'est plus habitée aujourd'hui que par des bergers et des lapins.

En parcourant du souvenir ces îles de l'Archipel, nous ne pouvons oublier Santorin, qui, comme au temps où elle s'appelait Théra, bondit, secouée par les tressaillements d'un volcan dont le cratère se cache sous les flots de la mer.

Bien des souvenirs s'attachent aux îles nommées aujourd'hui Iles Ioniennes. Elles forment une république sous la protection de l'Angleterre. L'influence des nations policées y a produit d'heureux changements et des progrès en agriculture. Telle est Corfou, l'antique Corcyre, autrefois habitée par des pirates, aujourd'hui pourvue de collèges et de bibliothèques.

L'île de Crète, aujourd'hui Candie, était célèbre dès les siècles héroïques. Elle était peuplée et riche; Homère l'appelait l'île aux cent villes. Les lois de Minos rendaient sa nation forte et brave comme l'étaient les Spartiates. Les Grecs, qui divinisaient tout, firent du sévère Minos un des juges des Enfers. Au moyen âge Candie fut prise par les Vénitiens. Aujourd'hui elle appartient aux Turcs.

RUSSIE

En Europe, on appelle proprement Russie une plaine immense de deux cent soixante-dix mille lieues carrées. En Asie, une région égale en étendue à l'Europe entière, la Sibérie, est aussi nommée Russie. Une portion septentrionale du nouveau monde est l'Amérique russe. Diverses provinces du Caucase et des bords du Danube doivent un tribut à cet empire, qui compte des sujets dans presque toutes les parties de l'univers. En Europe, son centre renferme une nation policée, et ses extrémités voient vivre des peuples dont l'existence diffère complétement de celle des autres hommes. Elle éprouve à la fois les effets de tous les climats : tandis qu'un été parfois ardent réjouit et fertilise son midi, ses régions du nord sont voilées par de longues nuits du pôle glacial. Le chameau des sables d'Orient vit ici, là, des chevaux vigoureux et légers, trésor et ami du Cosaque, paissent en troupeaux, plus loin le renne, l'élan, servent des maitres moins heureux, et les ours et les loups errent dans la solitude.

Cette vaste étendue de territoire semble devoir être une richesse pour la Russie; il faut en soustraire des régions où le sol n'est pas cultivable, de grands lacs et les *steppes*, immenses prairies qui ne fournissent aux bestiaux que de maigres pâturages. Toutefois, le blé, le tabac, le lin, le chanvre, les légumes, croissent abondamment dans certaines parties; les fruits même y ajoutent un agréable superflu. Parmi ceux-ci, les pommes sont particulièrement savoureuses et acquièrent une grosseur extraordinaire. La campagne de Moscou en possède une espèce dont la chair transparente laisse entrevoir dans son centre les pépins. Des soins actifs et intelligents multiplieraient les productions de cette terre; mais les paysans, sujets de seigneurs qui leur doivent la subsistance en échange de leurs services, ne sont pas stimulés par le besoin ou par le désir de s'enrichir et ne sollicitent point de la terre plus de bien qu'elle n'en donne d'elle-même à leurs maîtres.

Au midi, les Sarmates et les Scythes; au nord, les Slaves, furent les premiers habitants de la Russie. Comme les autres pays de l'Europe, elle vit passer sur elle les Scandinaves, les Teutons, les Goths, les Huns, et tous les barbares asiatiques, qui, repoussés par Charlemagne, revinrent se fixer dans ses déserts. NOVOGOROD LA GRANDE, bâtie par les Slaves, devint au neuvième siècle la capitale choisie par Rurik, le fondateur de l'empire russe. Son fils préféra KIEW, située au centre de la riche UKRAINE. C'est la ville sainte des Russes; c'est à Kiew que Vladimir le saint fit la Russie chrétienne en recevant lui-même le baptême.

L'Ukraine voit quelquefois ses moissons dévastées par des nuées de sauterelles. C'est dans cette contrée qu'habite la race tartare des Cosaques dont le nom signifie *homme armé*. Des tribus d'origine et de mœurs à peu près semblables sont distribuées sur les bords du Don, de la mer Noire, et dans le voisinage des monts Ourah et du Caucase. Ces barbares sont à peu près pour la Russie ce que nous avons vu que les Albanais sont pour les Turcs. Nous nous bornerons à signaler entre eux quelques différences, qui tiennent aux contrées qu'ils habitent : les uns sont nomades et pasteurs, ils vivent sous des tentes; les autres sont pêcheurs et se construisent des maisons propres et confortables. Mais tous sont avides de butin et de profit. Souvent, rebelles aux ordres du czar, ils refusent de payer le tribut; mais, s'il requiert leur présence aux armées, ils s'y rendent avec joie, non par devoir, mais parce que la guerre satisfait à leurs instincts féroces et turbulents.

Le Kalmouck surtout est sans pitié; la race des Scythes et des Huns, telle que les anciens l'ont dépeinte, revit tout entière dans ses traits hideux et ses habitudes sauvages; il campe, ainsi que les Kirghis, dans les steppes marécageux du Volga. A l'embouchure de ce fleuve est l'active et commerçante ASTRAKAN. Son port est l'entrepôt des marchandises que la Perse et l'Inde échangent avec l'Europe. Elle nous envoie son maroquin, la toison fine et légère de ses agneaux, et la fourrure que nous appelons de l'astrakane.

Nourrice et garçon Cosaque
Gantière

Paysan et paysannes Finlandais

Enfant de Nª Derewna
Cocher de St Pétersbourg
Marchand

Sur les flancs du Caucase, nous trouvons les Circassiens demi-barbares, sauvages élégants, qui reconnaissent parmi eux une noblesse et lui accordent des priviléges. Comme les varlets de nos anciens chevaliers, le gentilhomme circassien est dressé tout enfant au métier de la chasse et des armes, il partage son butin avec son maître. On apprend aux princesses à broder les étoffes et à tresser la paille. Le prince tient sa cour, et, quand il la réunit dans un festin, chaque convié doit y contribuer par le don d'un animal de son troupeau. Leurs prisonniers de guerre sont traités en esclaves, vendus ou employés à la culture des champs. Les Circassiens et leurs femmes ont de tout temps été célèbres par leur beauté. En ce moment, ils tiennent une place dans l'histoire contemporaine de l'Europe, par la lutte énergique et constante qu'ils soutiennent contre la Russie.

Pénétrons au cœur de la Russie; voici Moscou. Depuis 1812, elle a rebâti ses palais, son kremlin ou citadelle, et les dômes de cuivre de ses églises.

Quand nos Français, exaltés par une victoire récente, s'avançaient vers la vieille cité moscovite, ne doutant pas qu'elle s'ouvrît à leur approche, ils songeaient au repos et à l'abondance qu'ils allaient trouver dans ses riches magasins et oubliaient leurs fatigues et leurs privations. Ce fut enveloppée de flammes qu'elle leur apparut! Le gouverneur de Moscou, par cet héroïque sacrifice, ravit la ville aux vainqueurs et consomma leur ruine.

Dans la Lithuanie, ancienne province polonaise, est Vilna, qui renferme à la fois des mosquées, des églises catholiques, une synagogue et des temples protestants. Tel est le mélange de religion que produit la diversité des nations fondues dans le peuple russe. Les Lithuaniens sont pauvres par excès d'indolence : ils ne demandent à la terre que l'indispensable nourriture de chaque jour; leurs souliers sont faits d'écorce d'arbre; pour les traits et les harnois de leurs chevaux, ils se contentent des branches d'arbres les plus flexibles.

La Courlande, la Livonie, l'Esthonie, étaient jadis occupées par l'ordre puissant des chevaliers teutoniques. La noblesse issue de ces propagateurs du christianisme et de la civilisation en Allemagne et en Russie est apte à la littérature et aux arts; mais les Lettons, peuple primitif de ces contrées, sont extrêmement ignorants. Nous ne citerons qu'un exemple de leur crédulité superstitieuse. Au printemps, le Letton se garde bien de s'exposer à entendre pour la première fois le chant du coucou, lorsqu'il est à jeun ou qu'il n'a point d'argent dans sa poche. Dans ce cas, il se verrait menacé de la disette ou de la misère pendant tout le reste de l'année. C'est ce qu'il appelle être ensorcelé par le coucou. Il a donc grand soin, à cette époque, de prendre de l'argent et de la nourriture de très-bon matin avant de sortir de chez lui.

Mitau, Riga, appartiennent aux provinces que nous venons de parcourir. La Finlande est un grand duché, un gouvernement particulier, mais dépendant de l'empire. Les Finlandais sont sérieux, intrépides, infatigables, mais égoïstes et vindicatifs; ils aiment avec passion la musique, et il n'est pas rare de trouver dans les misérables villages et les cabanes enfumées de la Finlande un poëte dont les vers, rimés selon des règles particulières, sont empreints à la fois de naïveté rustique, d'énergie et de sentiment.

C'est au fond du golfe qui porte le nom de cette province, à l'embouchure de la Néva, que s'élève Saint-Pétersbourg, la ville du grand czar Pierre, la capitale de toutes les Russies. Malgré les marais qui l'entourent, malgré la rigueur du climat qui donne à l'hiver une durée de sept mois et qui convertit la Néva en une large route de glace, malgré la difficulté de construire sur le terrain humide et peu consistant de cinq îles qui divisent la ville en autant de quartiers, Pétersbourg possède de magnifiques édifices, et de délicieux palais de plaisance embellissent ses environs. Ses jardins et ses théâtres convient les riches à des plaisirs aussi vifs et aussi complets que ceux dont on jouit dans les plus brillantes capitales de l'Europe; car la Russie accueille tous les talents. Elle admet dans ses écoles les œuvres de tous les savants. Elle a créé dans sa capitale de nombreux établissements scientifiques qui lui promettent la gloire prochaine de produire des maîtres à son tour.

SUÈDE — NORVÉGE — DANEMARK

Ces contrées sont le domaine de l'hiver; mais il s'y montre dépouillé des brumes qui l'enveloppent dans les autres pays d'Europe, et y règne même avec quelque splendeur. La neige y étend ses tapis étincelants sous un ciel pur, et les nuits sont souvent illuminées par les feux magiques de l'aurore boréale. Le printemps y est inconnu; un été de quelques semaines fait naître et mûrir les plantes et les fruits. Cependant c'est à tort que nous croyons déshéritées ces régions du Nord; la sollicitude de la Providence en faveur de toutes ses créatures est surtout visible ici dans les ressources si diverses qu'elle leur a préparées. Les produits de la terre sont, il est vrai, moins nombreux que dans nos climats tempérés; mais ils sont doués de qualités variées qui les rendent propres à une infinité d'usages, et remplacent par là ceux qui manquent. Ainsi l'écorce du bouleau est employée à couvrir les toits des habitations; ses jeunes pousses donnent aux bestiaux une nourriture qu'ils aiment, et la sève de ce même arbre sert à faire une boisson piquante et mousseuse très-rafraîchissante. La mousse que paissent les rennes peut aussi servir d'aliment aux hommes. Certaines ronces donnent des fruits qui seraient goûtés avec plaisir dans les contrées plus richement pourvues. Enfin, quand la moisson est insuffisante, on y supplée en mêlant au pain l'écorce pulvérisée d'une espèce de sapin.

On donne encore parfois à la Suède et à la Norvége réunies le nom antique de Péninsule scandinave, de celui des premiers peuples qui l'habitèrent. Les Goths l'occupèrent ensuite et se classèrent en Visigoths et en Ostrogoths, selon leur position à l'ouest et à l'est.

Un très-ancien poëme scandinave nous a conservé l'ensemble de la mythologie de cette nation primitive. Comme celle des Grecs, elle admet une hiérarchie de dieux qui président aux diverses opérations de la nature, et elle personnifie en eux les passions des hommes. Tel est Odin, le plus ancien et le plus puissant des dieux scandinaves. Il est à la fois le soleil, le dieu de la guerre et le père des morts. Sous ce dernier titre, il reçoit dans le Valhallah les guerriers tués sur les champs de bataille. Les plaisirs qui sont leur récompense dans ce paradis barbare consistent en combats sanglants qu'ils se livrent entre eux sans pouvoir mourir, et des festins joyeux, où les farouches Valkiries, les messagères d'Odin, leur versent l'hydromel enivrant, tandis que les bardes ou poëtes chantent leurs exploits sur des harpes d'or.

Aucun peuple ne conserva plus longtemps que les Scandinaves les mœurs et les lois de leurs ancêtres. Ces campagnes agrestes sans aridité sont chères à ceux qui les habitent. L'aspect grandiose de ces montagnes, de ces lacs et de ces immenses forêts élève l'âme; l'air salubre qu'on y respire fortifie le corps. Nous avons pu juger du physique et presque du caractère de ces nations du Nord par les peintures que leurs artistes nous ont envoyées lors de nos expositions universelles. On y remarquait des physionomies honnêtes et doucement graves, où régnaient uniformément une sorte de sérénité mélancolique et de courageuse résolution. Plus vifs et plus démonstratifs que les Allemands, les Suédois sont autant qu'eux aptes à l'étude des sciences. Ils ont produit le naturaliste Linné, le chimiste Berzélius et des littérateurs distingués.

Stockholm est la Venise du Nord. Elle appuie ses extrémités sur deux presqu'îles, au bord du lac Mälar, et repose son centre sur plusieurs îles semées au fond d'un golfe de la mer Baltique, dont les eaux, comme autant de canaux naturels, portent jusqu'au centre de la ville les navires qui vont s'y charger des fers excellents et des bois de construction que l'Europe achète à la Suède. Des rochers, couronnés de jardins et de maisons de plaisance forment autour de Stockholm un mélange original des beautés les plus opposées qui frappe d'étonnement et de plaisir.

Les rigueurs de l'hiver n'attristent point sa population gaie, instruite et causeuse. Tandis que les concerts et les théâtres s'ouvrent aux amateurs de ces plai-

Lebu del. Imp. Lemercier, Paris

Paysans Norwégiens. Suédois Lapons Renne Traîneau

sirs, des courses de traîneaux et des luttes de patineurs, qu'anime une musique militaire, s'établissent sur les rives glacées du lac ou sur la neige durcie qui couvre la campagne, puis on rentre en ville à la lueur de mille flambeaux.

Upsal était autrefois la capitale de la Suède ; Odin y avait son temple et une forêt sacrée. Elle possède aujourd'hui une prééminence plus précieuse : celle du savoir. Son université est la plus célèbre du Nord.

A la pensée des jouissances que donnent l'intelligence et la société, nous sommes tenté de plaindre le pauvre et chétif habitant des régions polaires, le Lapon. Mais sans doute la bonté divine lui a fait un bonheur qui lui suffit, car jamais nous ne l'avons vu venir nous demander une part de nos plaisirs et de notre abondance, de nos jours radieux et de la verdure de nos étés. Pourvu que ses troupeaux de rennes échappent à la poursuite du loup et de l'ours, que sa pêche lui assure une provision suffisante de poissons séchés, il vit heureux dans sa cabane, auprès de sa compagne, industrieuse comme lui. Tous deux égayent par le travail la saison des longues nuits, tressent des corbeilles, façonnent avec le bois et la corne les ustensiles de leur ménage et préparent les peaux de rennes qui font leurs vêtements. Ils ignorent la convoitise qui conduit au vol, et le meurtre n'a point d'exemple parmi eux.

Avec la même pureté de mœurs et la même simplicité de cœur, le Norwégien possède les autres avantages que donne la culture de l'esprit. Qui pourrait croire que ce peuple probe, hospitalier, sobre, poli, franc, eut pour ancêtres la race de pirates que la France effrayée appela Northmans, et auxquels elle dut abandonner une de ses plus riches provinces?

La petite péninsule que l'on appelle aujourd'hui Danemark a exercé une puissante influence sur les destinées des plus importantes contrées de l'Europe. Les Kimris ou Cimbres, desquels elle emprunta le nom de Chersonèse cimbrique, ravagèrent les Gaules, l'Helvétie, et battirent plusieurs fois les Romains. Plus tard, les Jutes, ou peuples du Jutland, envahirent l'Angleterre et grossirent l'essaim des hommes du Nord, fléau contre lequel les Européens, voyant leurs armes impuissantes, sollicitaient le secours du ciel par cette invocation ajoutée chaque jour aux litanies : « De la fureur des Northmans délivrez-nous, Seigneur ! *De furore Normanorum libera nos, Domine!* »

Le Danemark était alors divisé en plusieurs petits royaumes, dont les souverains n'étaient guère que des chefs de pirates. Le christianisme changea ces rois de mer en législateurs et en conquérants. Canut le Grand sut réunir à sa couronne celles d'Angleterre et de Norvége et vainquit plusieurs fois les Suédois. Cette gloire fut ravie à sa dynastie par les Saxons ; mais, trois siècles plus tard, Marguerite de Waldemar, la *Sémiramis du Nord*, rendit au Danemark son éclat en lui réunissant de nouveau la Norvége, et, cette fois, la Suède. Nous n'entreprendrons point de raconter comment le Danemark perdit ensuite la souveraineté de ces deux contrées, ni comment la Norvége échut à la Suède, à laquelle elle est demeurée unie sous un même roi, sans avoir abandonné ses lois et son ancienne constitution.

Pour conserver les proportions qu'il a établies dans la population des diverses parties de l'univers, Dieu, ainsi que nous l'avons déjà observé, a placé au cœur de tous les hommes l'amour de la patrie. Il faut que ce sentiment soit profond et indestructible pour qu'il retienne l'Islandais dans son île désolée! Elle est entourée de mers tempêtueuses et hérissée de glaçons ; son centre est incessamment bouleversé par les tremblements de terre et par les éruptions de ses volcans ; des jets d'eau bouillante surgissent du sol ; la glace et le feu se le disputent ; aucun arbre n'y peut croître. L'Océan seul, en charriant sur ses bords les troncs qu'il arrache aux rives plus heureuses, fournit aux habitants le bois nécessaire à la construction des cabanes et aux usages domestiques. Le pain est une délicatesse que les riches seuls se permettent ; on le remplace par une farine faite d'une espèce de mousse. Les bestiaux sont nourris avec des arêtes de poissons.

Les Islandais vivent du produit de la pêche. Ils vendent aux Danois des peaux de renard, de la laine, des bas, des gants, et surtout le duvet ou *édredon* que fournit l'eider, espèce de canard sauvage.

Et cependant cette île fut autrefois fertile et très-peuplée ; les sciences et la poésie y florissaient. Maintenant encore son peuple se console de sa misère par les travaux de l'intelligence ; l'instruction y est très-répandue. Rikkawick, sa chétive capitale, possède une bibliothèque, un observatoire et divers établissements scientifiques. Cette île, découverte par les Danois, leur appartient.

HOLLANDE — BELGIQUE

Quel horizon tranquille et monotone! des prairies coupées par des canaux, des lacs, des marais, des bruyères, des sables et la mer au delà. La mer plus élevée que le pays qu'elle environne, de telle sorte que déjà elle a empiété sur ses rivages, et creusé des golfes profonds, où s'épanouissaient d'heureux villages; une seule inondation en engloutit trente-trois. Le Zuyderzée fut ainsi formé, en couvrant trente lieues de pays. Les dunes de sable et des digues épaisses s'opposent à ces envahissements, qui sont une menace constante et un fléau pour la Hollande.

De tous temps, les peuples de ce pays ont dû combattre cet ennemi; ils surent aussi s'en faire un puissant auxiliaire en temps de guerre : en permettant aux eaux de submerger le terrain, ils fermaient aux armées le chemin de leurs villes. Dès l'époque où César tenta la conquête de la Gaule, les Bataves et les Frisons usaient de ce système de défense, et lui durent la conservation de leur indépendance; ils dressaient leurs chevaux à traverser les fleuves à la nage sans rompre leurs rangs. Les Hollandais ont formé de savants navigateurs et des amiraux déterminés.

La Hollande est un pays fort riche. Elle a su convertir ses vastes marais en pâturages excellents, qui nourrissent de magnifiques bestiaux; le chanvre, le colza, la garance, et le tabac qu'elle produit abondamment, sont d'importants objets de commerce; il faut y comprendre la pêche du hareng. Elle possède, en outre, dans les autres parties du monde, une multitude d'îles, et de nombreux établissements de négoce, appelés comptoirs ou factoreries.

Le génie du commerce et l'amour du gain, qui semblent devoir exclure le goût des arts, n'a point eu cette influence sur les Hollandais; ils savent trouver du plaisir dans l'étude, et ont produit un grand nombre de peintres distingués. Mais la nature plate et uniforme qui frappe leurs regards, et le tempérament apathique des Hollandais, se reflètent dans leurs œuvres : les tableaux de cette école offrent, pour la plupart, des sujets vulgaires qui occupent les yeux par l'imitation exacte, patiente et froide des objets matériels, et le cœur y trouve rarement l'expression d'un sentiment de l'âme.

Sortir peu, fumer beaucoup, savourer lentement la bière nourrissante et le genièvre, sont les principaux passe temps des riches Hollandais et des Flamands. Leurs mœurs sont d'ailleurs douces et honnêtes; ils trouvent leurs jouissances dans la vie de famille, dans le soin de former des collections d'objets d'arts, de tableaux ou de fleurs. Les jacinthes et les tulipes acquièrent en Hollande, à Haarlem surtout, une beauté de formes et de couleurs qu'aucune contrée du monde ne peut leur disputer. La préférence des Hollandais pour la tulipe a donné lieu à une infinité d'anecdotes dont la vérité est fort contestable. On raconte, entre autre, qu'un amateur, croyant posséder une espèce unique, et apprenant l'existence d'un oignon de fleur semblable à la sienne, l'acheta en donnant sa brasserie en échange; le marché conclu, il écrasa sous son talon l'oignon rival de sa tulipe, afin de conserver à celle-ci la valeur glorieuse d'un objet sans pareil.

Quel peut être l'intérêt qui s'attache à cette petite maison que l'on montre à Saardam? C'était autrefois la demeure d'un charpentier que ses compagnons de travail nommaient Maître Pierre ou Pierre Mikaïlof. Maître, en effet, car il était celui de toutes les Russies, Pierre le Grand! Il cachait là son génie et son nom, afin d'étudier, pour l'apprendre ensuite à son peuple, l'art encore ignoré de la construction des navires.

Amsterdam est une ville fort curieuse par ses environs et ses édifices. Les canaux bordés d'arbres qui la traversent en tous sens la partagent en quatre-vingts îles qui communiquent entre elles par deux cent quatre-vingts ponts. Le palais du roi est à l'intérieur d'une grande magnificence. Il est construit sur treize mille six cent cinquante-neuf pilotis, qu'il a fallu enfoncer à la profondeur

Lefuir del. | Imp Lemercier Paris | Bocquin lith.

Nord-Hollande | Zuyderzée

de vingt mètres, dans ce terrain détrempé par les eaux. Une des églises d'Amsterdam conserve le tombeau de l'illustre Ruyter, qui, des obscures fonctions de mousse, sut s'élever jusqu'à celles d'amiral, et pendant cinquante ans conduisit victorieusement les flottes hollandaises contre toutes les puissances de l'Europe.

Le séjour d'Amsterdam est malsain. On ne peut boire l'eau de l'Amstel, petite rivière qui la traverse; les riches en font venir à grands frais d'Utrech, et les moins fortunés se contentent de celle qu'il faut aller puiser à quelques lieues de la ville.

En Hollande, on ne voit point comme ailleurs la campagne animée par des attelages bruyants; le transport des marchandises s'effectue par eau. On ne saurait rendre l'effet bizarre que produisent dans le lointain la vue des voiles et des mâts des bateaux qui, en voguant dans les canaux profonds, semblent glisser au milieu des prairies. La route de Haarlem à Leyde présente fréquemment cet aspect. Leyde est célèbre par les imprimeries que les frères Elzevirs y avaient établies, et qui y rendaient très-actif le commerce de la librairie.

Nous ne citerons rien des autres villes de la Hollande; La Haye, la capitale actuelle, est cependant assez belle. Rotterdam et tant d'autres, quelque importantes qu'elles soient, n'offrent point de particularités assez intéressantes pour nous y arrêter.

Quand les Francs chassèrent les Romains des Gaules, les Belges vinrent grossir leurs rangs contre l'ennemi commun, et, par la suite, les deux peuples n'en firent plus qu'un seul. Malgré les alliances qui donnèrent à la branche autrichienne des rois d'Espagne la souveraineté de la Hollande et de la Belgique réunies sous le nom de Pays-Bas, et introduisirent dans la nation belge le mélange de divers peuples, elle est demeurée française par le caractère et les inclinations.

Elle tient de son origine germanique un goût très-vif pour la musique, qui est dans les églises l'accompagnement presque obligé de la prière et des cérémonies du culte. On l'entend dans la boutique du marchand, dans les réunions du peuple et chez l'habitant des campagnes. Les Belges nous ont donné Grétry. Leur école de peinture a des noms fort illustres qu'il serait trop long d'énumérer. Le géographe Ortélius, l'astronome Philippe Laensberg, le médecin Vésale et plusieurs philosophes témoignent de leur aptitude aux sciences.

Quelques collines, des vallées riantes, des bois, donnent à la Belgique des horizons plus variés que ceux de sa voisine du Nord. Voyons le vaste port d'Anvers. Quand nous aurons admiré, dans son immense cathédrale, la belle descente de croix dont Rubens est l'auteur, nous examinerons la Bourse et ses colonnes désassorties. Ce monument fut bâti aux frais des corporations de commerce de la ville; chacune offrit son pilier; on doit croire que ce fut pour lutter entre elles de générosité et de goût qu'elles adoptèrent chacune aussi un style et un dessin d'ornement différent. Cette rivalité n'a produit qu'un souvenir ridicule et un aspect désordonné, désagréable aux yeux.

A Gand, la capitale de la Flandre au temps de Charles-Quint, nous retrouvons les maisons de Madrid et les canaux d'Amsterdam.

Guidés par son harmonieux carillon, nous arrivons à Bruges, la ville où la beauté des Flamandes est surtout remarquable.

Nous n'oublierons pas la pieuse Malines, ses couvents nombreux et ses belles dentelles. Et, quand nous aurons vu Liége aux vieilles églises, aux tourelles gothiques, aux boutiques enfumées où les bourgeois des métiers ourdissaient des révoltes contre le souverain, nous terminerons notre course par Bruxelles. Un bourgeois brabançon, vous parlant de sa capitale, estimerait ses beautés bien au-dessus de celles de Paris. Bien que les églises et les palais de Bruxelles méritent quelque attention, nous préférons vous entretenir de ce qui peut compléter la physionomie du vieux pays flamand : des fêtes bizarres appelées dans le pays *kermesses*, et *ducasses* dans nos départements du Nord.

A Mons, on les célèbre en mémoire de la victoire qu'un valeureux chevalier nommé Gille-de-Chin aurait autrefois remportée sur un affreux dragon qui désolait la contrée. Le simulacre du combat a lieu sur la grande place; le chevalier, armé de toutes pièces, attend avec ses hommes d'armes le redoutable monstre; il arrive, sa tête colossale atteint les toits, sa queue traînante s'étend dans les rues; après une lutte acharnée, le brave Gille transperce la carcasse d'osier du géant, qui expire à ses pieds, aux applaudissements de la foule émerveillée. Le bourgmestre et les échevins, premiers magistrats de la ville, s'avançant gravement vers le vainqueur, le complimentent et lui offrent la récompense due à ce grand exploit. Ce spectacle étant terminé, les bals, les festins, les concerts, commencent et se succèdent pendant quinze jours.

ANGLETERRE — ÉCOSSE — IRLANDE

Si nous ne nous adressions pas à de si jeunes lecteurs, nous éprouverions quelque découragement en entreprenant la description de cette partie des îles Britanniques, l'Angleterre. Que pourrions-nous dire de ses mœurs, de la nature du pays et des particularités qui le distinguent qui ne fût bien connu? Toutes les nations la visitent ou sont visitées par son peuple voyageur et curieux; la politique et le commerce créent entre elle et le monde une infinité de relations journalières par lesquelles l'Angleterre semble faire partie de chacune des contrées de l'univers. Dès le temps le plus reculé, son histoire est intimement liée à la nôtre. D'origine celtique comme les Gaulois, sa nation pratiquait le même culte que ces derniers, leurs prêtres étaient aussi des druides. Comme la Gaule encore, elle fut vaincue par César et demeura soumise aux Romains. L'île principale portait alors le nom de Britania, qui, selon les uns, vient de *couleur*, parce que ses premiers habitants se peignaient le corps; et, selon les autres, signifie, en langue phénicienne, *pays de l'étain*. Cette dernière origine semble la plus certaine, parce que en effet les Phéniciens venaient chercher dans ce pays l'étain qu'il produit abondamment. Le nom d'Albion, donné aussi par les anciens à l'Angleterre, lui fut acquis par la blancheur de ses côtes.

La Bretagne était devenue romaine, comme nous l'avons dit, quand elle se vit attaquée par les Pictes et les Calédoniens, peuples de la partie qui est aujourd'hui l'Écosse. Vers le même temps, d'autres barbares s'avançaient vers les Gaules, et, pour préserver cette conquête bien autrement importante, les armées romaines abandonnèrent les Bretons, qui appelèrent à leur secours les Angles et les Saxons. Ces défenseurs devinrent des maîtres; c'est d'eux que la Bretagne reçut son nom actuel, England ou terre des Angles. Nous en avons fait Angleterre. Les vaincus se réfugièrent dans cette partie de la France, qui fut dès lors appelée Bretagne.

Les Danois enlevèrent l'Angleterre aux Saxons. Elle tenta ensuite les Normands; leur duc, Guillaume, que cet exploit audacieux fit surnommer le Conquérant, s'en empara, en demeura maître unique et y fonda une dynastie. A force de rigueur, il y fit prévaloir la langue et les coutumes normandes, dont on retrouve de nombreuses traces dans les lois anglaises. De cette époque date un rapport plus étroit et non interrompu entre notre histoire et celle de ce pays. La possession de la Normandie, puis plus tard de la Guienne, revendiquée par les rois d'Angleterre, fut le motif de longues guerres entre les deux peuples et de rivalités ardentes qui ont cédé graduellement à l'action progressive de la civilisation, c'est-à-dire de la haute courtoisie qui régit les nations comme la société, et fait que chacune d'elles sait apporter dans la discussion de ses droits et la défense de son honneur la modération, le calme, les égards enfin qu'ont entre eux les gens bien nés.

Les Anglais possèdent au plus haut degré les vertus publiques qui font la paix intérieure, la force et la richesse d'une nation. Leur active industrie ne s'applique qu'aux choses utiles, qui rendent la vie facile, le travail plus productif; ainsi les machines sont employées dans la culture des terres; les routes, les chemins de fer, les canaux nombreux et bien entretenus favorisent les transports de commerce. Les Anglais obéissent ponctuellement aux lois et respectent l'autorité dans tous ceux qui la représentent; aussi chez eux l'ordre public n'est-il jamais sérieusement troublé.

Le cours majestueux de la Tamise à son entrée dans Londres, le mouvement qui anime ses rives, sont sans doute des beautés intéressantes; mais c'est dans le *tunnel*, ou passage creusé sous le lit du fleuve, qu'il faut aller admirer la hardiesse et la puissance du génie de l'homme. Étonnant spectacle! au-dessous, les convois, les tranquilles piétons cheminent sur une voie solide, tandis que, au-dessus de leur tête, les navires naviguent dans les eaux profondes. Mais soulever un fleuve semble maintenant un effet ordinaire : c'est au fond de la mer, sous le Pas-de-Calais, qu'on songe à frayer une route où la tempête ne pourra retenir le voyageur impatient.

Lalar del — Imp. Lemercier, Paris — Bacquet lith

Gentilhomme écossais en costume national — Officier Général — Officier des Horses Guards — Garde marine — Embarquement de troupes — Midshipman — Matelot

Les rues larges, les squares plantés d'arbres, font de Londres une belle ville que l'on admirerait si le brouillard, la pluie et la fumée de houille ne l'enveloppaient trop souvent d'un voile épais et triste. Chacun sait que l'église de Westminster est un des plus beaux édifices gothiques qu'il y ait au monde. On y conserve près des tombeaux des souverains ceux des hommes célèbres, quelles qu'aient été leur profession et leur religion. L'acteur Garrick y repose au pied du monument élevé à Shakspeare. Réunir ainsi dans un égal honneur les grands par le génie aux grands par la naissance est une pensée généreuse et juste.

Les Anglais, graves penseurs, ont produit beaucoup d'hommes de lettres, de savants, de poëtes, mais fort peu de peintres. La religion protestante, fort répandue en Angleterre, n'admet point, comme on sait, de tableaux dans ses temples; c'est sans doute à cette cause qu'il faut attribuer le défaut d'émulation et l'infériorité des Anglais dans cet art. John Field est chez eux le seul musicien qui ait acquis une renommée.

Nous avons déjà nommé les premiers habitants de l'Écosse, les Pictes au nord, les Calédoniens au sud. Les Scots, venus ensuite, lui donnèrent son nom actuel. Des poésies attribuées à un de leurs plus célèbres bardes, Ossian, racontent les époques lointaines de leur histoire et le règne guerrier de leurs premiers rois; mais c'est aux écrits de Walter Scott surtout qu'il faut demander les descriptions de cet agreste pays; c'est dans ses scènes, peintes d'après nature, qu'il faut chercher les mœurs et le caractère des Écossais. Ceux que le célèbre romancier affectionne particulièrement et qui lui fournissent d'ailleurs les situations les plus originales et les plus attachantes sont les *highlanders*, ou habitants des hautes terres. Pauvres, mais fiers, robustes et sobres, passionnément attachés à leur patrie et aux coutumes de leurs ancêtres, ils ont toutes les vertus et les imperfections des peuples que la nature de leur pays prive de relations avec ceux des villes. La langue gaélique, celle d'Ossian, fait encore le fond de celle qu'ils parlent; ils chantent toujours sur les mêmes rhythmes simples et doux les poésies de leurs bardes; mais la cornemuse a remplacé la harpe, et bientôt ces vestiges de leurs mœurs antiques auront disparu. Quoique notre imagination doive y perdre quelques plaisirs, il faut applaudir aux efforts que fait actuellement l'Angleterre pour civiliser les Highlands, pour utiliser son sol et l'activité des montagnards. On a nivelé les rochers, comblé les ravins, tracé de larges routes à la place des sentiers tortueux; l'instruction et la science de l'agriculture pénètrent, quoique lentement, et porteront un jour l'abondance et le bien-être dans des villages aujourd'hui misérables. Quant aux *lowlanders*, ou habitants des basses terres, ils ont perdu leur physionomie nationale au contact des Anglais.

Henri II d'Angleterre, quand il déshérita son fils Jean, qui, à cause de cela, fut surnommé Sans-Terre, daigna pourtant lui laisser en apanage la triste Irlande, qu'il avait conquise. Un peu plus tard, Édouard Ier convoita l'Écosse et l'arracha aux efforts de ses défenseurs, Bruce et Wallace, héros qu'elle admire et qu'elle pleure encore. L'Angleterre eut alors la triple souveraineté des îles Britanniques, qu'on nomme aussi le Royaume-Uni.

L'Irlande n'est point stérile, les brouillards qui la couvrent entretiennent sur la terre une humidité favorable à la croissance des végétaux; de beaux fleuves l'arrosent; les saisons y sont tempérées; elle n'éprouve aucun des fléaux qui dévastent; à peine connaît-elle les orages, et cependant elle est pauvre, si pauvre, que chaque année un grand nombre de ses habitants délaissent une patrie qui ne peut les nourrir, et vont chercher en Amérique des champs plus hospitaliers. Sans doute ceux qui possèdent les terres ne laissent point aux cultivateurs une assez large part de profit; ceux-ci, d'un autre côté, ignorants et découragés, ne savent point obtenir du sol tout ce qu'il peut donner.

Quand l'Angleterre eut adopté la religion protestante, l'Irlande voulut conserver sa foi. Cette dissidence fut, comme en d'autres pays, le motif de discordes civiles : la secte la plus nombreuse opprima l'autre. Les biens des riches irlandais furent donnés à des familles anglaises; des Écossais, fuyant aussi la persécution, émigrèrent en Irlande, et c'est du mélange de ces diverses races qu'elle est aujourd'hui peuplée.

Les riches irlandais et les négociants anglais habitent les grandes villes et les animent par leur luxe et leurs fêtes. Bien que les premiers aient adopté la langue et les habitudes des seconds, ils s'en distinguent par leur caractère plus expressif, plus décidé. C'est donc dans les campagnes et parmi les artisans qu'il faut chercher le vrai peuple d'Irlande; le peuple souffrant, résigné, catholique fidèle, mais ignorant. Il parle la langue primitive, appelée langue *erse*. Les privations ne peuvent rien sur la force physique et la beauté des hommes de cette nation; celle de leurs femmes est rehaussée par un teint éclatant fort remarquable.

TURQUIE D'ASIE — ARABIE — PERSE

Nous ne voulons point user ici de la périphrase surannée qui nomme l'Asie « le berceau du genre humain; » et cependant elle indique bien le meilleur titre que cette partie du monde puisse offrir à notre intérêt, car l'histoire de ses nations modernes ne promet guère qu'une description presque uniforme de mœurs barbares, d'usages ridicules et de superstitions, fruit de l'ignorance et du paganisme, dignes d'inspirer notre mépris et notre pitié. Au contraire, c'est toujours avec un empressement mêlé de respect et d'émotion que nous accueillons tout ce qui nous fait connaître celles des contrées d'Asie d'où nous viennent ce qui est le plus précieux à l'homme, son origine et sa haute destinée.

Voici le sol fécond de l'Arménie, qui fut celui du Paradis terrestre. Ici s'élevaient les tentes d'Abraham, le pasteur et roi, le plus grand de tous ceux dont l'Écriture résume l'excellente vertu en leur donnant le titre de *justes*. Les déserts d'Arabie virent passer Moïse et les Hébreux errants; Moïse, l'historien de nos saintes annales, le confident de Dieu. Voici Jérusalem, la ville qu'embellit le magnifique, l'intelligent Salomon, alors qu'il y régnait dans la paix, la richesse, la science, les arts, avec une telle gloire, que, selon les paroles de la Bible, « tous les rois de la terre voulaient contempler son visage; » là est la pauvre bourgade où notre Dieu se fit homme; il prêcha sa morale, et, à la voix des apôtres voyageurs, elle se répandit de ce lieu sur le monde, qu'elle répare, qu'elle perfectionne et qu'elle conquerra tout entier.

Mais les Juifs déicides ont renié cette lumière, et elle s'est éloignée de son foyer. Jérusalem fut détruite par les Romains; les Turcomans, en imposant à la Palestine le joug musulman, consommèrent sa honte et sa ruine. L'Europe chrétienne s'arma pour punir ces profanateurs et les chassa; mais, après leur court triomphe, la Terre Sainte redevint la proie des infidèles. Elle fait aujourd'hui partie de la Turquie d'Asie.

La tyrannie a proscrit l'antique foi, mais elle n'a pu en faire oublier toutes les coutumes; du mélange des pratiques juives et chrétiennes avec celles des mahométans et des païens, il s'est produit diverses sectes dont on ne saurait bien déterminer le culte. Les peuples qui ont conservé plus que tout autre les caractères de l'ancienne civilisation sont les Arméniens. Intelligents, industrieux, économes, ils ont su prospérer dans tous les pays où ils ont dû émigrer pour fuir la guerre dont le leur est souvent le théâtre. C'est à Erzeroum, ville principale de l'Arménie, que se fabriquent les lames souples et affilées des cimeterres turcs.

Au sud habitent les Kourdes. Les uns sont chrétiens hérétiques, les autres mêlent au mahométisme quelques souvenirs de la religion des mages et de celle des anciens Perses, dont leurs *mollahs* ou docteurs enseignent encore la langue.

Les Kourdes sont pasteurs et vagabonds, braves, alertes, voleurs, mais avec une certaine loyauté. Un seul trait révèle cet aspect de leur caractère. « Le voleur soupçonné peut nier deux fois son larcin; mais, à la troisième, il se croit obligé de confesser la vérité; ce n'est pas toutefois une raison pour qu'il restitue. Je t'ai volé ton bien par la force, dit-il, reprends-le de même, ou tu ne l'auras pas. Souvent ils sont en guerre entre eux. Passe-t-il un vieillard, une femme, un étranger, le combat est suspendu pour recommencer bientôt après. » C'est auprès de Mossoul, ville du Kourdistan, d'où nous vient le léger tissu nommé mousseline, que gisent les ruines de la superbe Ninive.

Les forêts du Liban abritent les villages et les couvents des fervents Maronites, petite république devenue libre et chrétienne en dépit des pachas. Près d'eux, et comme eux indépendants, habitent les Druzes, secte antique qui emprunte une croyance à chaque religion; son origine est inconnue. L'adoration d'un veau semblerait révéler en eux les descendants des Samaritains. Quoi qu'il en soit, cette nation mérite quelque estime par la douceur et la pureté de ses mœurs, par sa fidélité à ses princes et la courageuse résistance qu'il a toujours opposée à l'oppression étrangère.

Fossey del. Imp. Lemercier, Paris Bocquin lith.

Grand Mollah Négociant Arménien Soldat du Khoraçan Persane, costume de Ville Marchand Persan.

Chacun sait que ces contrées sont en butte aux plus terribles fléaux : la peste décime les populations, les tremblements de terre détruisent les villes; Smyrne a déjà dû dix fois rebâtir ses murailles, Brousse est souvent menacée. Enfin les sauterelles dévorent les moissons; elles arrivent des déserts d'Arabie, portées par les vents du midi, en essaims si épais, que le jour en est obscurci; elles passent, et la verdure disparait avec elles; le bruit qu'elles font dans leur action dévastatrice s'entend au loin comme la marche d'un escadron. Le Syrien ne peut rien, par lui-même, contre cette cause de ruine. Certains oiseaux poursuivent, il est vrai, ces insectes, dont la chair est assez succulente pour que parfois les hommes s'en nourrissent, et ils en détruisent une grande quantité; mais le seul agent réel de délivrance est le vent du nord-est, qui enlève l'essaim tout entier et le noie dans la Méditerranée. Souvent, alors, elles sont rejetées par le flot, et leurs cadavres amoncelés infectent les rivages de miasmes dangereux.

Le vent terrible appelé *semoun* est encore un fléau propre à ces climats. L'odorat très-fin des Arabes leur révèle à l'avance son approche par la légère odeur de soufre qui le précède; dès qu'il s'élève, les Arabes se couchent à terre, afin de dérober leur poitrine à son souffle embrasé : l'instinct des animaux leur indique ce même préservatif. Des hommes téméraires, qui ont osé braver le semoun, ont été subitement suffoqués, et le gonflement subit de leur cadavre a fait préjuger que ce vent porte avec lui un poison subtil.

Le Coran exige que tout bon mahométan fasse, une fois en sa vie, le pèlerinage de la Mecque. Autrefois le nombre de ceux qui s'y rendaient était considérable; mais ce zèle religieux s'est singulièrement attiédi. Les pèlerins de chaque nation s'organisent en troupes nommées *caravanes;* chacune est commandée par un chef dont le rang élevé impose le respect. Ainsi la caravane qui part de Damas est conduite par le pacha de cette ville; la Perse confie la sienne à celui de Bagdad; un bey conduit les Égyptiens, une foule des croyants de l'Inde, des îles et du sud de l'Afrique partent aux mêmes époques, et tous se rejoignent au désert. D'abord leur cortége bruyant et animé semble celui d'une fête, mais bientôt il leur faut lutter contre une foule d'ennemis : les hyènes, les chacals, les panthères, les Bédouins pillards, ne sont pas les plus redoutables, car de bonnes armes, du courage et la puissance du nombre en obtiennent aisément raison; mais que sert tout cela contre la soif? Le semoun a desséché l'eau dans les outres qui la contenaient; les sources saumâtres et amères du désert s'offrent seules aux gosiers des pèlerins épuisés. Par son heureuse conformation, le chameau brave cette privation; son pied sûr et infatigable franchit les sables épais et les espaces immenses, et il dépose enfin ceux qu'il porte dans des villes où de nouvelles provisions leur assurent les moyens de terminer leur pénible trajet.

Nous avons déjà dénoncé à nos lecteurs l'instinct rapace des Bédouins ou Arabes du désert. Il est juste d'atténuer ce trait en y ajoutant ceux qui peuvent intéresser et produire par leurs oppositions l'ensemble de caractère le plus original : pasteurs et brigands, les Bédouins réunissent aux vertus douces, naturelles au premier de ces deux états, l'astuce et l'intrépidité nécessaires au second. On retrouve parfois en eux un reste de la magnanimité, de la courtoisie chevaleresque qui distinguaient les nations orientales de l'époque brillante et policée des califes. Ils aiment avec passion la poésie et les contes merveilleux. La richesse de leur imagination, alliée à leur ignorance et à leur ardente sensibilité, produit dans leur improvisation un mélange singulier de force et de naïveté.

Le cheval du Bédouin est son ami, son compagnon inséparable; il habite la tente de son maître, et ne reçoit de lui que des caresses et les plus douces paroles. Par la beauté de leurs formes, leur agilité et leur vigueur, les chevaux arabes justifient bien cet amour et ces soins excessifs.

La Perse a toujours été la proie des fourbes, des ambitieux et des conquérants. Après Cyrus, l'imposteur Smerdis; après le stratagème de Darius, le grand Alexandre; après les Sassanides, les Tartares Gengiskhan, Tamerlan, puis Nadir, le brigand du Khoraçan. C'est le pays des pierres précieuses, des parfums, des beaux fruits et des fleurs. On y fête les roses dans une solennité toute spéciale; nulle part *Bulbul*, le rossignol, ne chante mieux que dans les bosquets embaumés de Schiraz. C'est le séjour du luxe et de la mollesse. C'est de la Perse que nous vient l'usage des tapis, des coussins, des parasols, des chaises à porteurs, de tout ce qui épargne la fatigue ou la gêne. Les sciences y sont honorées; mais les Persans frivoles préfèrent les fables et les contes aux solides travaux de l'esprit.

Ce peuple a quelques qualités aimables et beaucoup de défauts. Sa douceur apparente, sa politesse complimenteuse, cachent la fourberie et souvent la trahison, caractère que résume un de leurs proverbes : « Baise la main que tu ne peux couper. »

HINDOUSTAN

Quand les Mongols eurent, à différentes époques, ravagé et pillé l'Inde, les trésors qu'ils lui avaient enlevés excitèrent la convoitise des nations européennes. Les Portugais disputèrent aux Hollandais le privilége d'y commercer seuls, et les uns et les autres furent ensuite chassés par les Anglais. Ceux-ci, en prêtant adroitement leur appui au souverain hindou contre ses divers ennemis, obtinrent de lui, en retour, l'autorisation d'établir leurs comptoirs dans les meilleures contrées de son empire. Sollicité par leur active industrie, le riche sol de l'Inde produisit pour eux plus qu'il n'avait donné jusqu'alors. Ils eurent à leur solde des armées d'Hindous, appelés Cipayes, firent la guerre aux petits princes voisins de leurs possessions, les rendirent tributaires, démembrèrent leurs royaumes, en distribuèrent à leur gré les débris, et devinrent, en un mot, les vrais rois de l'Hindoustan.

Mais il existait entre les indigènes et leurs dominateurs une opposition trop tranchée de mœurs, de caractère, et surtout de religion, pour qu'ils pussent demeurer longtemps fidèles à leurs mutuels engagements. Les Hindous, profondément attachés au culte antique de Brahma, ne virent dans ces étrangers que des infidèles vivant sans castes et sans loi, nourris de la chair des animaux, et par conséquent immondes. Les efforts des Anglais pour répandre parmi ce peuple, d'ailleurs intelligent, les bienfaits de la civilisation échouèrent contre cette haine aveugle qui s'est traduite souvent par des révoltes. Récemment, toute l'Europe a frémi aux récits d'une insurrection furieuse, rendue plus active par la défection des Cipayes mercenaires. Delhi, déjà deux fois ravagée par les Mongols, vient de subir le double assaut des rebelles et des Anglais.

Cette foi religieuse, qu'ils révèrent et qu'ils défendent ainsi, règne dans l'Inde depuis la plus haute antiquité. Elle reconnaît une sorte de Trinité dont les personnes sont : Brahma, le créateur, le passé, qui a pour emblème le soleil; Vichnou, conservateur, le présent, est représenté par l'eau; Siva, ou le feu, est le destructeur et figure l'avenir.

Le mot caste, dont nous nous sommes servi plus haut, sert à distinguer les diverses classes dont se compose la nation hindoue : elles sont au nombre de quatre. La première, la plus noble, est celle des brahmines ou prêtres de Brahma; la seconde comprend les guerriers et les princes; la troisième est composée des agriculteurs; les artisans appartiennent à la dernière. Ces castes jouissent de priviléges qui leur sont propres et sont soumises à des lois particulières; chacun reste invariablement dans la caste où il est né et ne peut s'élever à un rang supérieur, quels que soient son mérite et son génie. Tel est le code de l'Inde, aussi ancien que son culte. Celui qui l'enfreint, fût-il brahmine, est considéré comme *paria*, c'est-à-dire dégradé et exclu de la société; il inspire l'horreur et le mépris. à peine consent-on à l'employer aux services les plus abjects, et l'on n'oserait prendre la nourriture qu'il aurait touchée.

Les brahmines sont livrés à l'étude des livres sacrés et se soumettent aux plus dures austérités. Quand ils sont près de mourir, on les arrose de l'eau du Gange. Heureux qui peut expirer dans les flots de ce fleuve révéré, il est aussitôt admis à la béatitude céleste. On accompagne ces soins pieux du chant des hymnes funèbres, dont les paroles, empreintes de sagesse et de vérité, seraient dignes d'un culte meilleur. Telles sont celles-ci : « C'est folie que de chercher rien de stable dans la condition humaine; elle est sans solidité comme le tronc du bananier, passagère comme l'écume de la mer.

« Lorsque, pour recevoir la récompense de ses actions, un corps retourne à ses principes, quel lieu y a-t-il à des regrets ? »

Un usage antique et cruel exige que pour honorer les funérailles du brahmine sa veuve périsse sur le bûcher qui consume les cendres de son époux. C'est au son d'une musique bruyante, aux applaudissements de toute sa famille et parée magnifiquement, qu'elle consomme son sacrifice.

L'ancienne civilisation des Hindous est attestée par leurs anciens monuments et

Imp. Lemercier, Paris

Bayadères   Brame et sa femme.   Nabab se promenant en palanquin.

leurs livres. Les premiers sont ornés de sculptures et d'ornements dont les sujets, quoique monstrueux et bizarres comme leurs emblèmes et leurs idoles, sont cependant des chefs-d'œuvre de patience et de magnificence. La littérature se compose de bons ouvrages de morale et de poésies. Parmi ces dernières, nous citerons un recueil de fables qui ont précédé celles d'Ésope. C'est de l'époque de la domination mongole que date la construction des temples appelés *pagodes*. La plus célèbre, par ses proportions colossales et sa richesse, est celle de Djagarnat.

Actuellement les Hindous, indolents, ne cultivent guère que quelques arts mécaniques. Les besoins des riches et leurs plaisirs sont le luxe et le repos : de nombreux esclaves les servent, brûlent autour d'eux des essences précieuses, et les portent, couchés dans de somptueux palanquins. Leurs femmes aiment à relever leur beauté naturelle par l'éclat d'une profusion de perles et de pierres précieuses; mais on ne saurait voir sans dégoût leurs dents noircies par l'habitude qu'elles partagent avec les hommes de mâcher du *bétel*, mélange de tabac et d'herbes aromatiques. Elles considèrent comme une beauté cette couleur produite par un plaisir dont elles ne sauraient se priver. « Fi! disait une Indienne à un voyageur européen, vous avez les dents blanches comme les chiens et les singes! »

Une religion qui enseigne la métempsycose, c'est-à-dire le passage des âmes après la mort dans le corps des animaux, ne saurait permettre qu'on détruisît ceux-ci; ils sont, au contraire, l'objet de soins tout particuliers. Dans plusieurs villes, et notamment à Surate, des hôpitaux leur sont consacrés, et l'on y admet même les insectes nuisibles qu'ailleurs on détruit avec empressement. Le bœuf et la vache sont sacrés : l'attouchement de cette dernière purifie de tous les crimes. On sait de quel respect l'éléphant est entouré dans quelques contrées de l'Inde. Nulle part on ne voit une plus grande quantité de singes; à Bénarès, ville brahmine par excellence, toute liberté leur est laissée : ils courent par myriades sur les toits des maisons et livrent une guerre incessante aux marchands de confitures et de fruits. Des rats énormes bravent les chats; malgré la chasse que les ichneumons livrent aux chauves-souris, aux serpents, les espèces les plus venimeuses abondent, ainsi que les tigres, les panthères, les ours, les rhinocéros, les hyènes et les crocodiles; mais il n'existe point de lions.

L'heureuse vallée de Kaschemyr est exempte de ces hôtes dangereux. Abritée par les hauts sommets des monts Himalaya, elle ne connaît ni les chaleurs brûlantes de l'Inde, ni les vents glacés du Thibet; ses vignes, ses forêts où voltigent les paons superbes, ses champs de riz, de safran, de roses les plus belles et les plus odorantes dont on fait une essence précieuse, ont fait donner à ce lieu le nom de paradis. On y parle, comme dans l'Hindoustan, une langue dérivée du sanscrit, l'une des plus pures et des plus riches de l'antiquité; mais, là, le culte de Brahma a fait place au mahométisme. Le peuple de ce pays vit dans l'abondance, malgré la modicité du salaire qu'il gagne à tisser les châles magnifiques si recherchés par nos Européennes.

L'île de Ceylan, l'une des plus pittoresques de l'océan Indien, possède en profusion ce que les trois règnes ont de plus splendide et de meilleur. Le bois d'ébène, le sagou nourrissant, le généreux arbre à pain, qui donne aux insulaires quinze mets différents, le camphrier, proviennent de ses superbes forêts; des bois entiers de cannelliers parfument, dit-on, l'air à plusieurs lieues en mer. L'huître à perle est encore un de ses trésors. La pêche de ce coquillage ne se faisait autrefois que tous les vingt ans. Les Portugais réduisirent cet intervalle à dix ans; les Hollandais, plus avides encore, firent pêcher tous les sept ou huit ans, actuellement, deux ans seulement sont laissés à la nature pour renouveler ce fonds précieux, aussi s'épuise-t-il et donne-t-il des produits moins parfaits.

La manière dont se fait ce négoce excite dans ceux qui s'y livrent des émotions semblables à celles que causent les chances imprévues des jeux de hasard. Quand la pêche est terminée, au signal donné, les bateaux rentrent dans la baie et débarquent les huîtres, dont on fait des lots qui sont vendus au plus offrant. Tous les regards semblent vouloir pénétrer ces coquilles ternes et grossières, qui recèlent peut-être toute une fortune; n'y eût-il que deux perles de première qualité dans un lot, ce résultat est assuré à son heureux acquéreur; mais souvent il arrive que ce que tout un monceau contient ne vaut pas la centième partie du prix qu'on l'a payé. On se représente aisément une semblable scène; pour en compléter l'ensemble affligeant, on peut y joindre la présence des malheureux plongeurs, suffoqués par un séjour trop prolongé sous les eaux, et qui expirent souvent en vomissant des flots de sang.

CHINE — JAPON — TARTARIE

Il est très-difficile de juger équitablement le peuple chinois. Pendant longtemps, l'opinion qui lui attribuait une civilisation aussi parfaite qu'ancienne fut fort accréditée; on prétendait qu'il avait été, dès l'époque la plus reculée; en possession de découvertes et d'inventions encore ignorées des nations européennes; leur philosophie était réputée savante et profonde. D'autre part, certains auteurs leur ont contesté toute espèce de supériorité, et les ont même représentés sous des traits ignobles et grotesques. Depuis que la guerre nous a livré l'entrée du *Céleste Empire*, et que les productions de l'industrie chinoise ont rempli nos bazars, nous avons pu en constater l'imperfection, et juger mieux leur caractère et leurs mœurs. Ils connaissaient, a-t-on dit, bien avant nous l'usage de la poudre à canon, mais leur chétive artillerie rend peu redoutables les effets de cette funeste composition ; leur imprimerie ne consiste qu'en plaques de bois, chargées de caractères sculptés en relief, bien grossiers près de nos caractères mobiles ; la seule priorité qu'il soit juste de leur concéder est celle du forage des puits artésiens, et l'invention de la boussole; mais cet ingénieux instrument ne supplée point à la science de la navigation, dans laquelle les Chinois se montrent encore très-inhabiles. Avant l'arrivée des missionnaires, ils ignoraient les mathématiques et tous les arts qui en dépendent ; ils manquaient d'instruments pour leurs études astronomiques; enfin ils n'ont aucun sentiment du beau dans les arts; leurs tableaux présentent des disproportions et des perspectives impossibles, qui font sourire et songer aux dessins naïfs des petits enfants. Mais on doit ajouter qu'ils se montrent fort habiles dans la fabrication du papier, des couleurs, des étoffes et des porcelaines, dans la culture des champs, les travaux du jardinage et la construction des ponts. Leur littérature est la première de l'Asie par le nombre et l'importance des ouvrages qui la composent. L'instruction est très-répandue en Chine : il n'y a pas d'artisan qui ne sache au moins lire. Quant à leurs lois, elles ne sont guère que des règlements de police, et leurs traités de morale, si vantés, recommandent uniquement l'obéissance, le respect aux grands et l'observance d'une politesse puérile.

L'empereur conserve ces lois, parce qu'elles lui permettent d'user d'un pouvoir absolu. Les *mandarins*, ses ministres, jouissent aussi d'une autorité despotique sur le peuple ; ils peuvent infliger la bastonnade à ceux qui osent se plaindre de leurs vexations, mais le fouet impérial les menace à leur tour. Les juges sont cléments pour ceux qui les payent; or le riche est assuré de l'impunité et le pauvre toujours menacé. D'après ce régime, il ne faut pas s'étonner si le peuple chinois est avare, bassement servile et flatteur. Un inférieur ne s'approche de son supérieur qu'avec les plus humbles révérences ; ses discours sont une suite de compliments exagérés, de protestations et de formules qui expriment son néant. Les grands acceptent les dénominations les plus pompeuses. L'empereur s'intitule le *fils sacré du ciel*, l'*unique gouverneur de la terre*. On porte des offrandes à son image, on se prosterne devant lui. Quand il sort, tous les Chinois ont soin de se renfermer dans leurs maisons et de fermer les boutiques; celui qui se trouve sur son passage ne peut éviter la mort qu'en se précipitant la face contre terre. Le respect dont ce demi-dieu est l'objet s'exprime par mille usages ridicules. Dans un dîner auquel il daigna convier les ambassadeurs hollandais, on dut faire beaucoup de génuflexions avant de toucher aux mets qui étaient censés venir de la main du monarque. Un jour on apporta de sa part à ces voyageurs un fort bel esturgeon ; bien qu'ils fussent impatients de satisfaire leur appétit, il ne leur fut permis de couper cet auguste poisson qu'après l'avoir longuement complimenté.

Les femmes riches vivent recluses comme celles des Turcs. Les paysans traitent la leur en esclave et l'attachent à la charrue à côté de leur âne. La charité de nos missionnaires a intéressé le monde entier au sort des petits enfants, qui, lorsque la famille semble trop nombreuse, sont impitoyablement noyés ou livrés

[illegible] Chef des Archers — Mandarin — Dame Tartare — Esclave.

en pâture aux plus vils animaux. L'avarice de leurs parents est souvent alors l'instrument de leur salut : pour quelques menues monnaies, ils consentent à livrer aux apôtres chrétiens l'enfant qu'ils vouaient à la mort.

La religion qui permet ce cruel usage est le Bouddhisme, qui fut introduit en Chine par les Tartares. Son chef, son dieu prétendu, a le titre de *grand lama;* il réside au Thibet dans un monastère de ses prêtres appelés *bonzes*. Cette religion est celle de la majorité des Chinois. Les gens instruits, que l'on désigne par le nom de *lettrés*, suivent la doctrine du philosophe Confucius. Le culte des esprits ou religion de Tao-se a aussi ses adeptes. Les persécutions exercées contre nos missionnaires ne ralentissent point leur zèle, et la religion chrétienne fait chaque jour en Chine de nouveaux progrès.

Les Chinois ont un orgueil national extrême. Avant que les missionnaires eussent tracé la carte de leur empire, ils croyaient qu'il surpassait en étendue toutes les autres parties de l'univers. Leurs annales donnent à leur nation une durée de cent mille ans; en plaçant au trentième siècle avant Jésus-Christ l'existence d'un de leurs premiers législateurs, c'est encore leur accorder une date assez respectable. Leur pays était connu des anciens sous le nom de Sérique, à cause de la soie qu'il produisait dès lors. Le voyageur Marco-Polo, qui séjourna longtemps en Tartarie au treizième siècle, fit connaître la Chine sous le nom de Cathay. Ce fut à peu près à cette époque que les Tartares, qui la convoitaient depuis plusieurs siècles, s'en emparèrent, et ils l'ont toujours conservée. Son nom actuel vient de Tchin, qui fut celui d'un de leurs empereurs.

La langue chinoise ne contient que trois cent trente mots. Ce qui semble devoir fournir peu de travail à la mémoire est au contraire une difficulte : chacun de ces mots, tous monosyllabes, exprime plusieurs sons qui ne se distinguent l'un de l'autre que par une différence dans l'inflexion de voix et des signes dans l'écriture. Ainsi le mot *chu*, prononcé en traînant sur *u* et en élevant la voix, signifie *seigneur ;* d'un ton uni et adouci, il signifie *pourceau;* d'un ton bref, il veut dire *cuisine*, et, d'un ton fort qui s'adoucit à la fin, il exprime *colonne*. Ces trois cent trente mots se combinent ainsi, jusqu'à quatre-vingt mille fois. On juge de la difficulté d'une pareille étude et l'on apprécie d'autant plus le zèle du peuple chinois à s'y exercer.

Nous devons, pour être exact, louer la piété filiale des Chinois, leur respect pour la vieillesse, et le soin qu'ils prennent d'entretenir et d'orner les tombeaux. Nous doutons cependant que leur caractère ait acquis la sympathie de nos lecteurs ; les Japonais gagneront sans doute à la comparaison.

L'origine de ce peuple est aussi ancienne et aussi incertaine que celle de ses voisins. Il est actuellement le plus instruit et le plus intelligent des nations asiatiques. Ses lois sont extrêmement sévères, mais cette rigueur vient d'un sentiment exagéré de la justice et de la probité.

Pour garantir contre toute influence leurs coutumes, leur religion, et conserver les secrets de leur industrie, les Japonais ont, depuis douze cents ans, fermé aux étrangers l'entrée de leur pays. Les Hollandais ont seuls obtenu la permission d'établir un comptoir dans une île voisine de Nangasaki. Leurs navires et ceux des Chinois y débarquent les marchandises; mais l'équipage est, pendant ce temps, soumis à la plus minutieuse surveillance et traité presque comme des prisonniers. La loi défend aux Japonais de quitter leur pays sous peine de mort.

Les Hollandais ont développé chez les Japonais le goût de la botanique, de l'histoire naturelle; la médecine fait chez eux quelques progrès ; ils aiment la poésie, et, bien que leur peinture soit encore loin d'être correcte, elle est de beaucoup supérieure à celle des Chinois; laborieux et industrieux, ils fabriquent eux-mêmes tout ce qui sert à leur usage : leurs bijoux, leurs voitures, leurs souliers de paille et les chapeaux d'herbe qu'ils portent en voyage; la plus minutieuse propreté relève l'élégance de leurs meubles et de leurs demeures, leurs femmes sont libres et honorées.

Ils préfèrent la considération aux richesses. Ce sentiment est le trait saillant de leur caractère ; jamais un Japonais ne survit à la perte de sa réputation et de son honneur. Le suicide, en ce cas, semble une chose si naturelle, que personne n'en paraît ému. Un certain cérémonial est de règle pour ces circonstances, et tous les hommes d'un certain rang sont tellement familiarisés avec la pensée qu'ils seront, un jour ou l'autre, exposés à cette extrémité, qu'ils ne voyagent point sans être munis de tout l'appareil d'usage.

Quelques vices ternissent ces belles qualités : le Japonais est vindicatif; il ne répond point aux injures, mais son poignard, qu'il ne quitte jamais, rappellera tôt ou tard la querelle à l'offenseur.

ALGÉRIE

Les souvenirs que rappelle cette autre partie du monde (l'*Afrique*) sont précieux à la religion, aux sciences, à notre histoire : Moïse et la famille sainte, les Ptolémées, saint Louis, Napoléon ! Toutefois les côtes les plus voisines de l'Europe et de l'Asie ont eu seules part à cet honneur ; tandis que toutes les connaissances humaines prenaient naissance en Égypte, que Carthage disputait à Rome l'empire du monde, le centre et le sud de l'Afrique étaient inconnus. Des générations sauvages y vivaient sans doute, elles s'éteignaient seules et ignorées comme en un autre univers. Aujourd'hui de hardis explorateurs ont osé franchir les sables ardents, nous savons que des membres de la famille de Dieu habitent au delà ; mais, délaissés et méprisés, ils attendent encore, comme aux premiers âges du monde, les enseignements de justice et de tempérance qui, les élèveront à la dignité d'hommes et au rang des nations.

L'Algérie, par son titre de province française, a droit à la préséance sur les autres États d'Afrique. Cette terre des Numides, convertie en province romaine après la chute des Carthaginois, était devenue le repaire de tous les peuples que l'Europe repoussait ; des Vandales, puis des Maures chassés d'Espagne et des Juifs persécutés par tous les souverains. Ces diverses nations réfugiées s'établirent sur la rive qui les avait recueillies ; elles s'allièrent à des pirates grecs qui surent y former, sous la protection des Turcs, des États puissants justement nommés Barbaresques. Ces forbans, décorés du titre de rois, continuèrent de diriger contre toute la marine marchande de l'Europe leurs vaisseaux, nommés à bon droit *brigantins*. Les riches cargaisons étaient leur proie, et l'équipage, réduit en esclavage, n'obtenait sa liberté qu'au prix d'une rançon. Charles-Quint, Louis XIV plus tard, et, en dernier lieu, les Anglais, avaient inutilement envoyé contre eux de puissantes flottes. Elles bombardaient les villes ; mais les armées, détruites par le climat, ne pouvaient poursuivre les corsaires au delà ; Alger, nommée par eux la *bien gardée*, relevait ses murailles et se repeuplait d'ennemis nouveaux. En 1830, une insulte faite à la France par le *dey* ou gouverneur d'Alger nous donna le prétexte et la gloire de venger toute l'Europe.

Notre consul réclamait du dey l'exécution de certaines conditions commerciales ; un coup d'éventail fut la réponse du despote insolent. Comme dans le temps où le gant d'un guerrier jeté à son ennemi exprimait un défi, le léger instrument fut considéré comme un gage de combat. La France s'arma, Alger fut prise et l'empire des pirates fut détruit.

De bien longs sacrifices ont été nécessaires pour assurer la conservation de cette conquête. Nos armées, habituées aux batailles savantes, aux marches régulières, s'épuisaient en attaques infructueuses contre ces troupes bondissantes, légères et indisciplinées ; elles durent apprendre à déjouer leur tactique sauvage, qui consiste à inquiéter l'ennemi, à le harceler de côté et d'autre, à le guetter dans de perfides embuscades pour fondre sur lui et le massacrer au passage s'il est inférieur en force ; s'il est nombreux, elles s'éparpillent et regagnent les déserts sans combattre.

Ces peuples de l'Algérie se composent de diverses races dont l'origine remonte aux nations que nous avons énumérées plus haut ; la plus indomptable est celle des Kabyles, qui descendent des anciens Berbères ou peuples primitifs de la Barbarie. Les Romains, puis les Turcs, firent d'inutiles efforts pour les soumettre ; ils résistent de même à la domination des Français qui sont obligés à de fréquentes expéditions contre leurs tribus.

Les Arabes occupèrent au sixième siècle le nord de l'Afrique ; leur race s'y conserve dans celle des Bédouins. Les Maures, qui paraissent descendre des anciens Mauritaniens, sont en majorité dans ce mélange ; quelques nègres, issus d'esclaves affranchis, complètent la bigarrure.

Les beaux produits de l'Algérie qu'on a pu voir aux expositions ont justifié le nom de *Grenier de Rome* que lui donnaient les anciens. Elle a aussi ses jours

Imp. Lemercier, Paris

Negresse Femme Mauresque et son enfant. Juif Maure Homme et Femme Kabyles Arabe

d'épreuves : son semoun, ses sauterelles, ses épidémies meurtrières; elle était déjà, du temps des anciens, la terre *nourricière des lions;* ils y sont encore terribles et nombreux, comme on l'a pu savoir par les récits émouvants des chasses de cet intrépide Français, surnommé le *Tueur de lions.*

En arrivant à Alger, dont l'aspect est d'ailleurs enchanteur, on se promet un certain plaisir du coup d'œil étrange que doit présenter une cité africaine; c'est donc un désappointement de la trouver toute française. Elle a bien ses mosquées, où le Maure insolent défend que l'on entre avec ses chaussures; mais on y rencontre les modes parisiennes; elle a ses magasins somptueux et... ses omnibus!

Constantine, la Cirta numide, est intéressante par son antiquité et sa situation sur un rocher à pic à 600 mètres au-dessus de la mer. Il a fallu l'audace et la vigueur des soldats français pour atteindre ce nid d'aigle. Ce siége couronne dignement l'histoire d'une ville qui vit combattre dans ses murs Marius contre Jugurtha, Bélisaire contre les Vandales.

Près de Tunis, sur l'emplacement du camp des Croisés, une chapelle a été élevée par les Français à la mémoire de saint Louis. Cette contrée et celle de Tripoli ayant eu avec Alger une commune origine nous offrent des populations semblables; elles sont, ainsi que l'empire de Maroc, placées sous des latitudes peu différentes et recueillent à peu près les mêmes produits.

Au delà de la chaîne de l'Atlas, les regards se perdent dans l'infini d'une immense plaine jaunâtre, hérissée de vagues poudreuses; c'est ce que le Maure nomme la *mer de sables*, c'est le Sahara, le Grand Désert.

Sa surface peut être évaluée à cinq cent mille lieues carrées, c'est-à-dire une étendue qui surpasse celle de toute l'Europe. Des coquilles et du sel, qui s'y trouvent en quantité remarquable, ont fait préjuger que cette grève immense pouvait être le produit d'une mer desséchée. Elle est semée, à des distances éloignées, de terrains creux, entourés de collines, comme une coupe par ses bords, dans lesquels se conservent des vallons ombragés, des lacs frais, formés par la rare eau des pluies et par de petits ruisseaux qui découlent des montagnes. Ces séjours fertiles, nommés Oasis, sont répandus sur la surface du désert comme des îles sur l'Océan. Pendant la plus grande partie de l'année l'air sec et échauffé y conserve l'aspect d'une vapeur rougeâtre ; on croirait apercevoir à l'horizon les feux de plusieurs volcans. Quand le semoun vient à souffler, il transporte dans ses rafales des colonnes de sable et déplace incessamment les collines et les ravins. Des troupes rapides d'autruches franchissent en courant ces flots de sable; les panthères et les lions guettent, à l'ombre des oasis, les girafes, les gazelles et les antilopes.

Les habitants de ces îles de verdure sont des peuplades farouches. Plusieurs inspirent une véritable terreur aux nations des confins du désert. Il en est de fort industrieux qui savent tisser des étoffes avec le poil de leurs chèvres et de leurs chameaux, employer à des usages utiles les peaux des bêtes féroces, forger des étriers, des sabres, des poignards, et les orner de ciselures, travailler même l'argent et l'or en bijoux et en ornements délicats pour la parure des femmes et des princes.

Pas plus que l'Océan, le désert ne conserve de routes tracées; mais les Arabes et les Maures savent s'orienter d'après la position que les constellations occupent par rapport à l'étoile polaire. L'excellente race de chameaux, appelés *heiries,* ou leurs chevaux, presque aussi agiles, les transportent avec une célérité telle, que la comparer à celle du vent n'est point une métaphore. « Quand tu rencontres un heirie, dit l'Arabe, et que tu dis au cavalier qui le monte : *Salem alik*, c'est-à-dire : Paix avec vous, lui, avant d'avoir pu te répondre : *Alik salem*, est déjà hors de ta vue. » On a vu de ces animaux franchir jusqu'à soixante-quinze lieues par jour.

Des voyageurs et les pèlerins ne craignent point de s'engager dans ces régions. Chaque année, des marchands marocains, chargés de sel, de draps, de quincaillerie d'Europe, vont prendre en échange la gomme, la poudre d'or, l'ivoire, les plumes d'autruche et les troupeaux d'esclaves de la Nigritie.

Quelques dattes, de la farine d'orge, et des outres remplies d'eau, sont toute la provision nécessaire aux marchands des caravanes. Ils ont coutume de chanter pour rompre l'ennui de ce trajet pénible et uniforme; leurs chameaux sont remarquablement sensibles à la douceur de leurs mélodies; elles semblent ranimer et soutenir leur courage quand la fatigue les accable; aussi le chamelier a-t-il soin de réserver pour les dernières heures du voyage ses airs les plus cadencés et les plus expressifs.

ÉGYPTE

Nous avons dit que la postérité de Cham peupla l'Égypte; mais on ignore si la civilisation qui fait sa gloire naquit parmi son peuple primitif, ou si elle lui fut apportée par celui de l'Éthiopie. Ce fut elle qui, à son tour, la répandit, par ses colonies, dans les autres parties de la terre ; ainsi les Phéniciens et les Grecs lui ont dû le fondement de leur grandeur. L'éclat de son savoir, la perfection de ses arts, la rendaient l'objet du respect des peuples ; sa situation au bord des mers de l'Europe et de l'Asie, et sa fertilité, en ajoutant la richesse à sa gloire, excitaient l'ambition des conquérants. Alexandre le Grand l'arracha aux Perses et y fonda la ville puissante qui porte son nom. Les Ptolémées, dignes de posséder cette belle part de son héritage, favorisèrent encore le génie studieux de l'Égypte en la dotant d'écoles, d'observatoires et de bibliothèques; sous la domination romaine, il continua de briller, puis s'éteignit, étouffé par le despotisme des successeurs de Mahomet.

Les Mameluks, soldats esclaves de la garde des sultans, se révoltèrent contre leurs maîtres, les massacrèrent, et s'emparèrent du gouvernement de l'Égypte, que leurs rivalités perpétuelles et sanglantes plongèrent dans l'anarchie. Chassée du trône par les Ottomans, cette milice turbulente conserva toutefois longtemps encore une grande part des emplois publics, jusqu'à ce que, en 1798, les Français, maîtres de l'Égypte, affaiblirent son pouvoir et préparèrent sa ruine.

Napoléon, par cette expédition, s'était proposé plus qu'un agrandissement de territoire ; il ambitionnait pour la France l'honneur de préparer la renaissance intellectuelle de l'Égypte. Dans ce but, il avait voulu qu'une réunion de savants, choisis dans les diverses facultés de nos académies, suivît nos armées afin d'étudier, sous leur protection, les inscriptions, les ruines et les tombeaux. Mais, après deux ans de succès et de travaux, la France dut céder aux efforts réunis des Anglais et des Turcs et abandonner sa conquête; l'Égypte retomba sous le joug ottoman.

Quelque éphémère qu'eût été notre triomphe, il eut sur les destinées de ce pays une heureuse influence : un pacha, un barbare intelligent, comprit l'excellence de nos codes, de nos écoles et de nos institutions politiques; avec l'aide des savants français, qu'il a sollicitée, il a fondé des écoles polytechnique, d'agriculture et de commerce ; il a établi des fonderies, des imprimeries, des filatures, fait traduire notre Code, adouci la sévérité des lois turques et toléré tous les cultes. Celui qui, par ses généreuses réformes, promit à l'Égypte les bienfaits de la civilisation moderne, est le même qui, las des intrigues renaissantes des Mameluks, les convia à un festin, puis les fit tous égorger sous ses yeux!

L'histoire ancienne nous a fait assez connaître le Nil et ce qui le distingue entre tous les fleuves, les Pyramides, Alexandrie, ce que furent Thèbes, Memphis, etc.; les villes des Pharaons ne nous offrent que des ruines; parcourons la ville moderne, la cité arabe, le Caire.

Comme dans toutes les villes d'Orient, les rues sont étroites et souvent couvertes, afin de ne point livrer passage au soleil ; de rares fenêtres grillées donnent aux maisons un aspect triste assez semblable à celui des prisons. Le Caire n'est point pavé ; on y marche péniblement, et, pour les longues courses, on a coutume de se servir d'ânes, qui sont, du reste, assez beaux et beaucoup plus vigoureux que ceux d'Europe. Les bains publics, les citernes, sont en grand nombre dans cette ville musulmane. Celles-ci sont souvent ornées de colonnades et fermées par des grilles d'un beau travail ; les abreuvoirs sont aussi construits avec un certain luxe. On sait que la pluie manque à l'Égypte ; pour alimenter ces établissements, il faut y transporter à dos de chameau l'eau du Nil. Les jardins, où s'élève la belle végétation de ces climats, égayent l'aspect un peu triste du Caire. On n'y voit point, comme dans les nôtres, d'allées d'arbres et de tapis de verdure ; on ne s'y promène point ; les orangers, les palmiers, la vigne, groupés en massifs touffus, ombragent des kiosques, couverts en treillages, dans lesquels on se repose en fu-

Fossey del. Borgnon, lith.

Femme du Caire — Anier — Soldat d'infanterie Egyptienne — Fellahs, homme et femme — Charmeurs de serpents.

mant un tabac aromatisé. Les cimetières sont aussi remarquables par le luxe que les Orientaux déploient particulièrement dans la décoration des tombeaux.

La population du Caire est composée de Turcs, de Grecs, de Syriens, d'Arméniens, de Juifs et surtout de Coptes. Ces derniers sont les descendants des nations qui habitaient en Égypte lorsque les Arabes en firent la conquête. Ils appartenaient à l'Église grecque. L'instruction qu'ils possédaient fut utile aux vainqueurs, et ce fut à cela qu'ils durent d'être épargnés par ces impitoyables ennemis des chrétiens. Mais, actuellement, l'hérésie et la superstition ont dénaturé leur croyance et leur culte. Lorsque les Coptes ont besoin d'un prêtre, ils choisissent un homme qui sache lire ; mais, comme les fonctions ecclésiastiques sont peu rétribuées, il est rare que celui auquel on les offre consente à les accepter. Dans ce cas, les Coptes prennent cet homme de vive force et le conduisent à leur évêque, qui lui impose les mains; par ce seul signe, il est irrévocablement consacré et tenu d'exercer son ministère.

Les Arabes sont en majorité dans la population générale de l'Égypte. Là, on les distingue non-seulement en Arabes pasteurs et civilisés et en Arabes bédouins ou indépendants, mais on y joint la catégorie des *fellahs* ou cultivateurs.

Les danses, les tours de force, les luttes et les chants sont les plaisirs journaliers des habitants du Caire. Les Égyptiens sont fort habiles à dresser les animaux : on voit des ânes aussi dociles que les chevaux anglais. La poste n'avait pas autrefois, en Égypte, de courriers plus exacts et plus prompts que les pigeons messagers.

D'anciens peuples de Lybie, les *Psylles*, savaient apprivoiser les serpents les plus venimeux et les mettre hors d'état de nuire. Les Égyptiens modernes ont hérité de leurs secrets : ainsi que le raconte un voyageur, « ils fascinent le reptile par l'immobilité de leur regard, l'étourdissent par des paroles cabalistiques prononcées avec une volubilité extraordinaire. Enfin l'animal est magnétisé de telle sorte, que le jongleur applique impunément son nez, ses lèvres, sa langue, sur cette tête qui, par un léger mouvement, causerait la mort la plus cruelle. » Les Orientaux attribuent à la magie ce pouvoir, qui n'est fondé que sur l'adresse et l'observation.

Au-dessus du bas peuple, qui exerce ces métiers avilissants, quelques femmes, qu'on désigne par le nom d'*almées*, se livrent à l'improvisation et à la déclamation; elles vont égayer dans les sérails les épouses des riches et figurent dans les fêtes que ceux-ci s'offrent entre eux.

Les caravanes de toutes les provinces d'Asie et d'Afrique affluent chaque année au Caire; celles d'Abyssinie apportent de l'or, des dents d'éléphants et de rhinocéros et des esclaves. Les Abyssins sont noirs; mais ils diffèrent de la race nègre en ce qu'ils ont les traits réguliers, les cheveux longs, doux et luisants. Quelques tribus de ces peuples sont chrétiennes; leur intelligence, les vestiges d'art et de littérature qu'elles conservent, les font reconnaître pour les restes des peuples qui ont concouru à la gloire de l'ancienne Égypte. L'autre portion est mahométane, et livre aux premières une guerre active et féroce.

La Nubie, conquise autrefois par les Arabes et forcée par eux d'abandonner la foi chrétienne pour l'islamisme, appartient aujourd'hui à l'Égypte.

CAFRÉRIE — SOUDAN — SÉNÉGAMBIE

« Tu seras l'esclave des esclaves de tes frères, » a dit à Cham le patriarche offensé; et toutes les nations, dans tous les âges, ont été les exécuteurs de cet arrêt. La race noire et maudite a été soumise aux blancs; ceux-ci ont accepté cet usage antique comme un droit que la beauté et l'intelligence devaient naturellement exercer sur le nègre difforme et borné. Ils l'ont acheté, vendu, réuni en troupeau comme les bêtes de somme, ils l'ont conduit au travail et puni avec le fouet; ils ont prolongé son ignorance de crainte que, connaissant l'égalité des hommes, il ne réclamât ses droits à la liberté; à force de tyrannie, ils l'ont rendu dissimulé, haineux, rebelle, souvent féroce. Enfin, le christianisme a fait entendre sa voix de charité; les grandes nations ont proclamé l'abolition de ce trafic inhumain, et ont elles-mêmes donné l'exemple en négociant le rachat des esclaves dans leurs colonies. Si l'esclavage subsiste encore ailleurs que chez les Orientaux, c'est que la privation de ces serviteurs serait une ruine qu'on ne peut imposer à ceux qui les possèdent.

Les peuples noirs, que l'on confond généralement sous le nom de Nègres, ne sont point dénués d'intelligence, mais la fertilité naturelle à leur pays entretient l'indolente légèreté, l'insouciance qui sont le fond de leur caractère. Vingt jours de travail dans une année suffisent pour leur assurer une provision abondante de riz, de maïs, de millet et de manioc, dont ils se nourrissent. La chasse n'est pour eux ni un plaisir ni un besoin; leur robuste appétit et leur goût peu délicat s'accommodent des viandes les moins séduisantes; la chair d'éléphant, celle du singe, du chien, fussent-elles corrompues, les œufs de crocodiles, sont pour les nègres des mets choisis. Ils refusent de manger des salades, parce que, disent-ils, ils se rendraient par là semblables aux animaux herbivores. Les liqueurs fortes les flattent, et ils peuvent aisément extraire des feuilles du palmier un vin petillant. L'abondance de poissons qui remplit leurs rivières leur rend facile l'art de la pêche; ils sont très-adroits à naviguer sur leurs bateaux d'écorce; ils savent tisser le coton et le teindre avec l'indigo, forger leurs armes, leurs couteaux. Mais, si industrieux qu'il soit, l'artisan nègre est insensible au plaisir de thésauriser, et rien ne pourrait l'engager à prolonger son travail lorsque la tâche accomplie a suffi aux besoins de la journée. Alors il se livre à la danse, qu'il aime avec passion, et continue parfois cet exercice pendant une partie de la nuit, en l'accompagnant de chants qui se répondent d'un village à l'autre.

Tout ce qui frappe l'imagination naïve du nègre, ce qu'il craint, ce qu'il aime, devient son *fétiche*, c'est-à-dire son idole. Outre ceux que chacun se choisit, quelques peuples en ont un supérieur auquel tous rendent des hommages. Les uns regardent un serpent comme le dieu de la guerre, d'autres s'adressent au soleil, mais le plus souvent les nègres se façonnent eux-mêmes l'objet de leur culte.

L'autorité et la puissance les enivre d'un orgueil extravagant qui dégénère en démence féroce; les massacres et les tortures sont les fêtes et le luxe de leurs rois. Leurs tribus se font l'une à l'autre la guerre; les prisonniers sont mis à mort ou vendus aux marchands d'esclaves. Pour un collier de verroterie, pour quelques insignes militaires européens, un miroir, un couteau, le nègre échange son semblable, son parent quelquefois.

Les Cafres, une des plus belles races africaines, seraient dignes de participer à la civilisation. Leur tête est régulière, expressive, leur taille svelte et élevée, leur démarche noble; la couleur de leur peau, semblable à celle du fer nouvellement fondu, ne déplairait pas, mais ils la dénaturent en la couvrant d'un rouge qu'ils fixent au moyen d'un enduit de graisse. Ces peuples ont les mœurs paisibles et les vertus des pasteurs; ils sont en même temps chasseurs actifs et infatigables; ils poursuivent au loin l'éléphant et luttent contre le lion. Pour le forcer, ils forment autour de lui un cercle qu'ils rétrécissent par degrés; le terrible animal se jette alors sur l'un d'eux, qui l'évite en se jetant à terre couvert de son bouclier; pendant ce temps, les autres chasseurs percent le lion de leurs

Hottentots

zagaies. Celui qui lui a porté le coup mortel rentre en triomphe dans son hameau.

Ces peuples sont très-habiles à préparer les peaux de mouton et de veau et à s'en faire des vêtements qu'ils cousent avec du fil de nerfs d'animaux. Des anneaux d'ivoire, qu'ils portent au bras gauche, sont leur principal luxe. Les femmes croient relever leur beauté en traçant sur leur dos, leur poitrine, leurs bras, des lignes qu'elles creusent dans la chair en déchirant l'épiderme avec un poinçon. Ce sont elles qui construisent les cabanes et qui cultivent les terres. En temps de guerre, elle sont souvent envoyées en ambassade vers la horde ennemie, et il ne leur est fait aucun mal.

Les Cafres aiment la paix; ils ne combattent que pour leur défense et le font avec loyauté et sans acharnement. Ils ne se montrent hostiles qu'aux *Boschimans*, tribu hottentote, féroce et stupide. La vue d'un de ces brigands les met en fureur; ils les poursuivent à la piste pour découvrir leur repaire, et les massacrent partout impitoyablement.

Les Hottentots du désert, à peine couverts d'une peau de gazelle ou de lion, armés d'une courte massue, gardent en chantant et en dansant les troupeaux qui font leur richesse. Ils sont laids, malpropres, grossiers, mais inoffensifs. Quelques-unes des tribus qui avoisinent l'établissement du Cap de Bonne-Espérance ont su profiter des bienfaits que leur offrait la colonie anglaise, qui succéda aux Hollandais; ils sont dociles à l'autorité des missionnaires protestants, et fréquentent les écoles. Mais tous les efforts tentés pour corriger les instincts pervers et les mœurs brutales des Boschimans ont été infructueux. Ces misérables n'ont point de chef, point de coutumes qui leur soient communes et qui les réunissent; ils errent seuls ou par petites troupes et vivent de proie comme les animaux rapaces, de souris, de reptiles, de sauterelles, d'œufs de fourmis ou de restes abandonnés par les chasseurs. Ils mendient dans les lieux habités, s'y font souvent payer une sorte de tribut, et reviennent, la nuit, voler ceux qui, le matin, ont souscrit à leur exigence; ils enlèvent le bétail et regagnent rapidement les montagnes; s'ils sont atteints dans leur fuite, ils n'abandonnent les animaux qu'après les avoir tués ou estropiés. Quelquefois même ils se contentent de massacrer troupeaux, chiens et bergers, sans en tirer le moindre profit. Leurs armes sont des flèches empoisonnées.

Les nègres du Congo sont les plus inintelligents et les plus ignorants des races africaines; ils ont en même temps des passions violentes et des instincts grossiers. Ce caractère rend plus grotesque encore leur vanité et les usages que les Portugais ont introduits parmi eux, tels que celui des titres de noblesse.

La partie de l'Afrique appelée le Soudan fut toujours l'objet des études inquiètes des géographes. On savait bien qu'au delà du Sahara un royaume avait sa capitale, nommée Tombouctou, que le Niger ou Nil Noir traversait cet empire; mais nul n'avait osé suivre ses rives brûlantes, habitées par des peuplades implacables. En 1796, l'Écossais Mungo-Parck entreprit cette exploration, mais il ne l'acheva point, et l'on a lieu de croire qu'il fut tué par les nègres. Enfin, récemment, un Français et un Allemand ont été plus heureux : ils ont déterminé le cours du Niger; toutefois ses affluents sont encore inconnus.

Il résulte de leurs observations qu'un grand nombre de villes et des royaumes puissants existent là où nous n'imaginions que des solitudes. « Tombouctou, dit le voyageur français, n'est qu'un amas de maisons en terre, mal construites, dans toutes les directions. Tout est triste dans ce lieu, le plus grand silence y règne, on n'entend pas même le chant d'un oiseau; cependant il y a je ne sais quoi d'imposant à voir une grande ville élevée au milieu des sables, et l'on admire les efforts qu'ont dû faire ses fondateurs. » Les habitants sont mahométans, beaux, bien faits, intelligents, doux, hospitaliers, industrieux, propres dans leurs vêtements. Le roi est un nègre très-aimé de ses sujets. Contrairement aux princes d'Afrique, il est clément, simple dans ses habits, dans sa demeure et ses habitudes; il donne lui-même l'exemple du travail, s'enrichit par le commerce comme ceux qu'il gouverne, et ne prélève point d'impôts sur eux ni sur les étrangers.

Après les Hollandais, qui possédèrent aussi l'île de Gorée, les Français furent les premiers qui s'établirent dans la Sénégambie. La fertilité de ce sol eût pu suffire aux plus avides de richesse; la beauté, la douceur confiante des nègres ou *Yolofs*, des *Foulhas*, attira les trafiquants d'esclaves; aucun rivage ne fut plus attristé par la présence des vaisseaux négriers. Les Américains y ont fondé une colonie dont le nom consolateur, *Liberia*, fait pressentir le noble but; elle est ouverte aux nègres affranchis des États-Unis.

ÉTATS-UNIS

Avant que le Vénitien Marco Polo eût publié la relation de son séjour au Cathay, les navigateurs, encore timides, avaient à peine osé s'éloigner des côtes; un voyage dans l'immensité de l'Océan parut une témérité telle, qu'on suspecta la vérité de son récit. Mais Christophe Colomb en fit l'objet de ses méditations, et il y vit la confirmation de ce que son génie lui avait révélé. Nous ne ferons point ici l'histoire des travaux et des malheurs de ce grand homme, ils sont assez connus. La postérité a réparé l'injustice de ses contemporains en lui restituant l'honneur de la découverte de l'Amérique, à laquelle pourtant un autre, après lui, donna son nom.

Cette terre nouvelle n'a pas encore livré tous ses secrets; chaque jour, de courageux explorateurs tentent inutilement de franchir le passage qui doit souder l'Amérique à l'Asie sous les glaces du pôle nord; ils se perdent, ou succombent à la rigueur du climat. On est pourtant fondé à croire que jadis ce passage a dû être frayé : la science en trouve la preuve dans l'analogie frappante que présentent les races américaines avec les nations asiatiques, dans le langage, les mœurs et les formes physiques. Ainsi quelques usages des Mexicains et des Péruviens sont communs aux Chinois; la férocité guerrière des anciens Scythes se répète dans celle des sauvages américains; enfin on a cité l'existence de monuments couverts d'inscriptions tartares trouvés au Mexique et au Canada.

Les Espagnols, les Portugais, les Hollandais, les Français, les Anglais et les Russes conquirent les diverses parties de l'Amérique, et leurs nations y fondèrent des colonies. Plus tard, une partie de ces États ont rejeté la suzeraineté de leur mère patrie et se sont érigés en république. Les possessions anglaises ont les premières réclamé leur indépendance; elles l'ont conquise avec l'aide de la France, et forment aujourd'hui, avec le Canada, la Floride, la Louisiane et diverses autres belles provinces, un territoire immense appelé États-Unis. Cette république doit au désintéressé Washington et au sage Franklin la constitution qui jusqu'alors a fait sa grandeur et sa célébrité.

Tous ceux que les révolutions ont proscrits, ceux que leur patrie appauvrie ne peut plus nourrir, vont demander à l'Amérique une fortune rapide et la liberté. L'embouchure des grands fleuves, les rivages de la mer, se couvrent de grandes cités si promptement élevées, que les géographes ont à peine le temps de marquer leurs places et d'enregistrer leurs noms. Le souffle de la vapeur et le marteau de l'industrie retentissent sans relâche. Chaque jour on emploie l'incendie pour abattre les forêts séculaires que la hache serait trop lente à défricher; des milliers d'esclaves creusent des canaux, tracent des chemins de fer, recueillent le coton, les épices, le tabac, les cannes à sucre, le cacao.

A l'ouest, la scène change, ou plutôt elle est demeurée telle que la nature l'a faite. L'ardente spéculation n'a pas encore tenté de transformer ce sol accidenté. Là sont d'immenses forêts que la cognée n'a jamais éclaircies. Des lianes, plantes envahissantes comme notre lierre, enchaînent les uns aux autres des arbres dont la hauteur atteint jusqu'à soixante pieds; se suspendent aux branches, courent sur le sol, ou, se jetant d'une rive à l'autre, forment au-dessus des eaux un filet de verdure et de fleurs qui s'oppose au passage des embarcations. Là s'étendent à perte de vue, comme un océan de verdure, des prairies ou *savanes*, peuplées d'immenses troupes de bisons; des plaines marécageuses, de grands lacs se partagent aussi l'étendue des États-Unis comprise entre le Mississipi et les montagnes Rocheuses.

Les peuples indigènes, que l'on appelle communément Indiens, parce que l'Amérique, lors de sa découverte, fut considérée comme la partie occidentale de l'Inde, se sont réfugiés dans l'espace que nous venons de décrire. Ceux qui avoisinent les villes et les établissements des colons ont acquis quelque instruction et se sont faits cultivateurs.

Indiens chassant le Bison — Trappeur — Indiens devant leur Camp

D'autres, malgré les efforts des missionnaires, n'ont encore embrassé aucune religion et conservent leurs coutumes sauvages; la guerre est leur passion et la chasse leur ressource. L'été, ils demeurent réunis dans leurs villages, où ils habitent le plus souvent des huttes construites en nattes de jonc; pendant l'automne, ils vont chasser au loin et campent sous des tentes. Ils poursuivent surtout le bison, dont la chair est leur principale nourriture. Ces espèces de bœufs, très-farouches et stupides, errent par troupes considérables; à la moindre alerte, ils se précipitent avec une impétuosité irrésistible, remplissent l'air de leurs mugissements et font trembler la terre au loin. Les chevaux sauvages parcourent aussi les solitudes. Les Indiens les prennent avec le *lasso* ou lacet, et les dressent pour la chasse. Ce lacet est terminé par des balles de plomb qui, lancées adroitement au cou de l'animal, l'étreignent sans le blesser. Ce moyen est employé pour la chasse au jaguar ou tigre d'Amérique. Il est préférable à l'emploi des armes, en ce qu'il évite les déchirures qui endommageraient sa robe superbe. Ces nations indiennes sont les restes des Iroquois, des Hurons, des Algonquins puissants, qui furent dispersés et vaincus par les Européens. Ils dédaignent et haïssent les blancs; ils n'ont avec eux que des rapports fort rares pour leur livrer les fourrures de daims, de castors, de martres, de rats musqués, et prendre en échange des armes à feu, de la poudre, du plomb, des couteaux et des couvertures; quelques tribus sauvages sont armées de flèches et écrivent en hiéroglyphes.

Ces peuplades sont souvent en guerre les unes contre les autres. Cependant elles sont unies en une espèce de république tributaire des États-Unis, et présidée par des chefs qui sont d'anciens guerriers. Ceux-ci composent, avec les chasseurs, le gros de la nation; les jongleurs et les cuisiniers forment les deux autres classes. Les jongleurs sont en même temps prêtres et magiciens, et exercent une grande influence sur les affaires publiques par les sortilèges et l'interprétation des songes; les cuisiniers sont aussi crieurs publics et convoquent les chefs aux conseils et aux festins.

Il y a quelques années, on vit en France quelques individus de l'une de ces peuplades, appelés les *Osages*. On fut surpris de la dignité de leurs manières autant que de la couleur rouge cuivrée de leur peau et de leur taille élevée et élégante. Les habitudes belliqueuses et la bravoure de leur nation l'avaient autrefois rendue très-puissante et la faisait redouter. Chez eux, ils sont hospitaliers avec ostentation : lorsqu'un étranger passe dans un de leurs villages, le chef le convie à son repas; pour se montrer poli, il doit accepter les invitations successives de tous les personnages importants. C'est le cuisinier qui les lui transmet en criant : « Venez et mangez, un tel donne un festin, venez et jouissez de sa libéralité. »

Plus sauvages encore et plus déshérités que ces nations brutales, sont les Esquimaux, hideux, chétifs et misérables. Ils naviguent habilement dans des canots faits d'os de baleines recouverts de peaux de phoques. Leur seul animal domestique est le chien, qu'ils attellent à de petits traîneaux. Ils sont vêtus de peaux d'animaux, dont le poil est en dehors; ainsi costumée, leur personne ramassée semble un ours surmonté d'une tête d'homme. Les femmes sont chaussées de bottines montantes jusqu'à la hanche et soutenues par des baleines; elles portent leurs enfants dans ces sortes d'entonnoirs.

MEXIQUE

L'Espagne était impatiente de posséder tout entier le monde que la découverte de Christophe Colomb promettait d'ajouter à sa couronne. Chaque année elle envoyait sur les mers qu'il avait parcourues des vaisseaux explorateurs ; ils touchaient des rivages nouveaux, et à leur suite des armées chassaient les peuples surpris. Ainsi Fernand Cortez conquit le MEXIQUE sur les *Aztèques* et lui donna le nom de Nouvelle-Espagne. Depuis lors, des vice-rois espagnols gouvernèrent cette magnifique colonie, puis, séduite par la prospérité des États-Unis, elle se constitua en république.

On reconnaît aux peuples expulsés une civilisation fort avancée ; mais leur religion et les pratiques barbares de leur culte inspirent l'horreur. MEXICO, dont le nom dans leur langage signifie l'*habitation du dieu de la guerre*, a conservé des monuments qui font foi de leur habileté dans les arts et les sciences. Telle est la pierre calendaire ou grand calendrier sculpté en relief sur un énorme bloc de porphyre ; les cercles, les divisions et subdivisions qui déterminent le partage du temps sont exécutés avec une exactitude mathématique et un fini admirables. On voit aussi la statue d'une de leurs déesses, dont les attributs hideux ne peuvent appartenir qu'à un pouvoir implacable et destructeur.

La ville moderne est grande et percée de larges rues. Les maisons, construites en porphyre, ont un aspect magnifique. La piété des Espagnols a gratifié les églises de richesses extraordinaires. La cathédrale en possède qui surpassent tout ce que l'on peut voir en ce genre : la balustrade de l'autel est en argent massif, et la lampe de même métal est si vaste, que trois hommes y entrent quand il faut la nettoyer; elle est en outre ornée de têtes de lions en or pur ; les statues de la sainte Vierge et des saints sont en argent revêtu d'or et incrustées de pierres précieuses. Des couvents très-nombreux possèdent aussi des trésors semblables.

Mexico est le centre d'un grand commerce, qui a pour objets principaux la cochenille, des plantes médicinales, telles que le jalap et le tolu, des bois, dont le suc produit des couleurs employées dans la teinture, la vanille et diverses épices.

Les dissensions qui troublent la république mexicaine et l'indolence naturelle à son peuple s'opposent à ce qu'elle profite des biens dont ce climat est prodigue. Comme les plus généreux, il présente, du reste, des difficultés naturelles contre lesquelles l'homme se défend mal. L'air du Mexique est généralement pur et sain, mais certaines régions subissent des variétés de température dont l'effet est funeste à la santé : la terrible fièvre jaune y sévit fréquemment. Les plaines nommées *tierras calientes*, c'est-à-dire pays chauds, et les bords de la mer sont parfois dépeuplés par ses ravages. Les parties voisines des CORDILLÈRES sont incessamment remuées par des secousses volcaniques ; presque tous les sommets de ces montagnes offrent des cratères. Il y a cent ans, le plus effroyable désordre qui puisse s'opérer sur le globe surprit le Mexique : dans une seule nuit, un volcan de treize cents mètres d'élévation sortit de terre, entouré de deux mille bouches qui fument encore aujourd'hui. Sur les côtes, des vents violents suscitent des ouragans qui les rendent inabordables pendant plusieurs mois ; enfin, la nature du terrain de tout ce pays s'oppose à la conservation des eaux, et l'excès de la sécheresse cause parfois des famines meurtrières.

Il serait difficile de juger, d'après les indigènes modernes, de l'intelligence qui distinguait les anciens Mexicains. Les castes élevées et les prêtres savants disparurent dans les persécutions exercées par les vainqueurs ; la classe indigente, indigne de leur colère, fut seule épargnée. Ce sont donc les descendants de cette dernière qui représentent la race primitive. On les distingue en Indiens sédentaires et agriculteurs nommés *marsos* par les Espagnols, et en Indiens nomades ou *bravos*. Les premiers sont catholiques, les autres sont païens.

Généralement le Mexicain, dans l'état habituel, est grave, mélancolique, silencieux, impénétrable ; mais sa férocité native se révèle dans sa physionomie dès qu'un sentiment violent l'agite intérieurement. Il danse tristement, et son chant

Fossey del. — Imp. Lemercier Paris — Bocquin lith.

Poblanas (Paysannes) — Ranchero (Fermier) — Cavalier Mexicain. — Dame Mexicaine — Femme et enfant de terre Caliente.

est lugubre. On est surpris qu'un goût paisible et élégant, celui des fleurs, puisse s'allier à ce caractère âpre et taciturne. Au grand marché de Mexico, les boutiques des Indiens sont ornées de verdure avec tant de profusion et d'art, qu'elles ressemblent à des bosquets.

La fierté hautaine des colons espagnols, leur richesse et leur goût pour les paresseux loisirs, entretiennent sans doute cette humeur chagrine dans la race vaincue. Fidèles aux usages de Madrid, ils font la sieste, escortent le soir les voitures des dames, brillent au bal, ou risquent leur fortune aux jeux de hasard. S'ils perdent, aucune émotion ne trahit en eux de regret; ils allument froidement le cigare qu'ils portent sur l'oreille, et fument comme si rien n'avait dû les troubler. Ils dédaignent de s'occuper eux-mêmes de l'administration de leurs biens et la confient souvent aux étrangers français, anglais, anglo-américains, qui complètent la population du Mexique. Les esclaves y sont en très-petit nombre; on ne voit même point de nègres à Mexico.

Les Indiens sauvages du Sud sont, comme ceux du Nord, guerriers et chasseurs. Il reste parmi eux peu d'individus de la race fameuse des Aztèques. La tribu des *Apaches* est la plus considérable et la plus belliqueuse de toutes celles du Nouveau-Mexique; mais la plus redoutable est celle des *Comanches*, qui s'intitule la *reine des prairies*. Ces barb-res manient la lance et les flèches avec une étonnante dextérité. Ennemis acharnés des Mexicains, ils font chaque année des invasions sur leurs terres, enlèvent les bestiaux, les femmes, massacrent les hommes ou les prennent pour esclaves. Ces attaques sont si régulières, que, dans le calendrier des Comanches, l'époque à laquelle elles ont lieu est appelé le *mois mexicain*.

Parmi les trésors du Mexique, nous n'avons pas nommé l'or; cet or dont l'abondance attira ses ennemis et causa sa défaite. Ses mines, fouillées pendant quatre siècles par les Espagnols, semblaient près de s'épuiser lorsqu'une circonstance fortuite révéla l'existence de gisements nouveaux dans la Californie. Un colon, en dirigeant une chute d'eau vers une scierie mécanique qu'elle était destinée à faire mouvoir, aperçut, parmi le sable et les débris que les eaux amenaient avec elles, des paillettes d'or semblables à de petites écailles de poisson. Malgré les soins qu'il prit pour tenir secrète cette découverte, elle se répandit dans toute l'Amérique et bientôt même en Europe. Une foule innombrable d'aventuriers de toute espèce : spéculateurs ruinés, dissipateurs, paresseux avides de jouissances, gens douteux que la société rejette et que la police connaît, accoururent sur les rives merveilleuses du Sacramento. Le succès répondit à l'ardeur de leur convoitise; ils trouvèrent l'or partout, en morceaux pesants et si abondants, que, dans beaucoup d'esprits crédules, la Californie acquit la renommée d'une contrée fabuleuse; on parla d'une montagne d'or et même d'un *lac d'or*. Ses vallées, jadis solitaires et peuplées de quelques tribus sauvages qui creusaient leur demeure sous la terre, est actuellement transformée par l'affluence et l'activité des chercheurs d'or et par l'industrie, qui y a porté toutes les choses nécessaires à la vie. San Francisco, chétive bourgade, est une ville immense et complète. Son port, un des plus beaux du monde, est capable de contenir la marine d'un empire : débarcadères, quais, hôtel des monnaies, banque, hôpital, cirque, théâtre, tout s'est élevé comme par magie. Une fois déjà l'incendie a dévoré ses constructions en bois, mais elles se relèvent plus activement que jamais.

Le nombre toujours croissant d'une population formée d'éléments si divers a rendu nécessaire l'adoption de lois pour la régir. Depuis 1850, la Californie, constituée en État régulier, a été admise au nombre des États-Unis.

BRÉSIL — PÉROU

La géographie qui décrit cette moitié méridionale de l'Amérique semble parfois un conte oriental : quelle profusion d'or, d'argent, d'émeraudes et de diamants ! que de fleurs et de parfums, d'oiseaux brillants et de papillons ! que de beaux feuillages aux arbres gigantesques ! Quand Pizarre détrôna les rois péruviens, des arbustes d'or pur ornaient leurs jardins de Cusco. Les Portugais trouvèrent les diamants si nombreux au Brésil, que, ne soupçonnant point qu'une chose si commune pût être précieuse, ils crurent ne posséder que des cristaux et s'en servirent au jeu comme de jetons. Mais il semble que Dieu ait voulu défendre l'homme contre cette passion de l'or qui dessèche son cœur et l'éloigne du bien : il a placé les mines dans des régions arides, désolées et malsaines, sur des penchants inaccessibles. On soupçonne l'existence de mines que les Indiens, dit-on, tiennent secrètes, dans la crainte d'être employés à ces travaux meurtriers que les Européens et les nègres ne peuvent supporter. Au contraire, ce Dieu paternel a placé dans ces contrées que la fièvre ravage le quinquina qui la guérit ; depuis que ses précieuses propriétés ont été découvertes, plusieurs millions de malades lui ont dû leur retour à la vie.

L'Amérique du Sud nourrit le boa, le serpent à sonnettes, le jaguar, l'ours; les singes, les perroquets, s'ébattent dans ses forêts, l'unau ou paresseux s'y traîne; l'air est rempli de moustiques, de maringouins, qui rendent inhabitables certaines contrées; le termès, sorte de grande fourmi ailée, dévore les provisions et détériore même les habitations, mais des troupeaux de vigognes et d'alpacas, qui paissent sur les sommets des Andes, enrichissent l'industrie du produit de leur laine, et le lama est un serviteur aussi dévoué et aussi courageux que le chameau.

Cette fertilité et cette richesse justifient bien le nom de Castille d'or que donna d'abord le roi Ferdinand à la partie occidentale. Par la suite, cette dénomination fut oubliée ainsi que celle de Terre-Ferme que portait la partie orientale. Toutes ces provinces, dont l'Espagne était la patronne, sont actuellement des républiques. L'empire du Brésil seul est demeuré fidèle à ses souverains portugais.

La végétation y est plus belle que dans toute autre partie de l'Amérique. C'est là qu'on trouve surtout ces belles forêts vierges, immenses et presque impénétrables aux rayons du jour, qui ont toujours été l'objet spécial de l'admiration des voyageurs. Elles produisent les bois connus sous le nom de bois de Brésil, que leur dureté, leur taille haute et droite, rendent propres à la construction des vaisseaux et surtout à la mâture.

Nous ne décrirons pas RIO DE JANEIRO. Elle est ce que doit être la capitale d'une nation instruite et policée; les mœurs sociables et douces, le goût des plaisirs, des cérémonies religieuses, y règnent aussi bien qu'à Lisbonne; la ville est de plus animée par le mouvement d'un commerce très-actif avec toutes les parties du monde.

L'habitant des campagnes rappelle le fermier de la Beauce par ses proportions vigoureuses et son humeur facile; il tient aussi du Tartare et du Bédouin par ses habitudes agrestes et son intrépidité. Toujours à cheval, les harnais de sa monture, un lasso, un bâton, suffisent à tous ses besoins : s'il veut se faire un lit au milieu des déserts, il étend sur la terre la housse de cuir, et la selle lui sert d'oreiller; s'il lui faut traverser un cours d'eau, cette même housse, attachée aux quatre coins, devient un canot; son lasso lui sert à prendre les génisses sauvages, et son bâton pointu fait l'office d'une broche pour faire rôtir ce qu'il destine à son repas.

Les leçons patientes des missionnaires jésuites ont un peu adouci les mœurs et éclairé l'intelligence des naturels sauvages du Brésil. Ils habitent dans les forêts et vivent misérablement de racines et du produit de leur chasse. Ils sont si habiles à tirer de l'arc, que quelqu'un, voulant éprouver leur adresse, réunit environ quarante d'entre eux, leur proposa pour but une pomme, et tous la percèrent.

Imp. Lemercier, Paris

Marchand de Volailles — Charruas civilisé — Marc[d] de Bestiaux — Blanchisseuse — Laitier — Marchande de maïs grillé

Ils avalent les viandes à peu près crues, sans se donner la peine de plumer la volaille. Ils ont en aversion la culture des champs; les pierres précieuses ne les tentent point, et ils n'en ont jamais fait la recherche. Pour surprendre les postes portugais, ils s'enveloppent de branches d'arbres ou de boue et de cendres, et, couchés par terre, ils attendent les colons et les nègres pour les massacrer au passage. On assure que d'autres tribus, plus farouches encore, dévorent leurs prisonniers après les avoir fait rôtir. Les armes à feu seules leur imposent, et ils se mettent à courir aussitôt qu'ils en entendent la détonation.

Des diverses républiques qui se partagent le territoire de cette partie de l'Amérique, le Pérou est la plus célèbre par son histoire et la beauté de son sol.

Lima est une fort belle ville. Ses grands édifices semblent, de loin, éclatants et majestueux; mais tant sont fréquents les tremblements de terre, que, en prévision d'une destruction prochaine, tout est construit légèrement et pour satisfaire les yeux. Les maisons n'ont généralement qu'un étage; les murs des églises sont bâtis en pierre, mais les clochers et les dômes sont en bois revêtu de plâtre. Dans le siècle dernier, une terrible secousse démolit les trois quarts de la ville et détruisit complétement le port de Callao. Il ne resta dans ce lieu qu'un seul homme pour porter la nouvelle de ce désastre. D'un endroit qui dominait le port, il vit, en moins d'une minute, la mer, qui s'était retirée à une distance considérable, revenir en montagnes écumeuses, poussées par l'agitation souterraine, et s'abattre sur la ville, qu'elle ensevelit dans son sein.

Avant la découverte de l'Amérique, les indigènes, les Péruviens surtout, remplaçaient l'art de l'écriture par un interprète plus obscur encore que les symboles égyptiens : c'étaient les *quipos*, assemblages de cordelettes de couleur, dont les nuances et les nœuds, diversement agencés, représentaient des mots et des idées. Leurs tribus vivaient dans une barbarie complète. Les Incas, leurs souverains, introduisirent parmi eux le culte du soleil et élevèrent leur empire à un haut degré de civilisation.

L'asservissement a imprimé aux Péruviens modernes un caractère très-mélancolique, timide, méfiant et haineux. Leur christianisme n'est pas entièrement purgé des superstitions de leur ancienne religion. Les tribus répandues dans les *pampas* ou grandes plaines désertes vivent sous l'autorité de chefs qui ont encore le titre antique de *cacique*. Leur croyance conserve comme un souvenir éloigné et confus des traditions bibliques : le ciel est la demeure d'un être supérieur auquel ils donnent le nom de Père, les tremblements de terre leur semblent le bruit de ses pas quand il est irrité; aussi, dès qu'ils ressentent cette commotion, ils croient devoir s'avancer vers lui pour lui témoigner leur respect, et ils se hâtent de sortir de leurs cabanes, en criant : « Nous voici ! nous voici ! » Ils ne savent compter que jusqu'à trois; au delà de ce nombre, ils ne peuvent s'exprimer que par le mot beaucoup.

Nos jeunes lecteurs seront peut-être désenchantés d'apprendre que les Patagons ne sont point des géants : leur taille est réellement au-dessus de celle des Européens, mais elle n'excède pas beaucoup plus de deux mètres. Leur vigueur et leur appétit sont proportionnés à cette stature; mais leurs mœurs, quoique sauvages, n'ont rien qui ait pu inspirer aux voyageurs ce sentiment qui, dit-on, *grossit les objets.*

MALAISIE

Si les anciens avaient connu ces îles posées sur des bases de corail, ces colonnes de basalte taillées par la nature en prismes étincelants, ces rivières qui roulent les rubis et les diamants, l'or et les émeraudes, ces fleurs aux larges corolles, ces roseaux qui ressemblent à des arbres, ces herbes plus hautes que des hommes, ces animaux fantastiques, cygnes noirs, aigles blancs, oiseaux couverts de poils, poissons diaphanes comme le cristal, ces eaux blanches comme le lait et qui le soir semblent un lac de feu, ils auraient fait de ce monde étrange et magnifique la demeure des divinités de la mer. C'est bien réellement son empire : l'Océan l'enserre tout entier, et c'est de son nom qu'il convient de désigner cette cinquième partie du monde.

On suppose que ces réunions considérables d'îles ne sont que les débris d'un continent qu'un grand bouleversement a dissous, et l'on croit reconnaître dans Java le siége d'un empire puissant et civilisé dont les peuples auraient émigré dans l'Inde après cette catastrophe. Une race d'hommes, appelés depuis *Malais*, de la presqu'île de Malacca, où ils se seraient réfugiés, existe en majorité dans la partie occidentale des archipels de l'Océanie, et pour cette raison on a nommé cette partie Malaisie.

Java, Sumatra, Bornéo, ou *îles de la Sonde*, appartiennent actuellement aux Hollandais. La première, malgré ses quarante-six volcans, est la plus belle, la plus fertile et la plus riche. Les côtes sont marécageuses et malsaines, mais l'intérieur de l'île jouit d'un air pur et d'un perpétuel été. Sans la présence des vents, appelés *moussons*, qui divisent l'année en deux parties, celle des pluies et celle de la sécheresse, les îles de la Sonde ne connaîtraient pas les vicissitudes des saisons. Elles nourrissent les animaux féroces de l'Inde, et ceux que l'on y a transportés d'Europe s'y sont acclimatés.

On trouve dans ces parages une espèce d'hirondelle dont le nid, assaisonné d'une certaine manière, passe pour un mets délicieux : nous ne citerons point cette production parmi celles qui doivent sembler précieuses, mais seulement comme une singularité gastronomique particulière à ces peuples peu délicats.

Deux souverains règnent à Java, l'un a le titre d'empereur, et l'autre celui de sultan. Bien qu'ils soient dépendants de la Compagnie hollandaise, ils affectent toutes les formes superbes du despotisme oriental. Le nom de la résidence de l'empereur signifie *demeure du soleil*, les officiers sont des *soleils de bravoure* et des *soleils de prudence*.

Les anciens Javanais professaient la religion de Bouddha ; le mahométisme y domine actuellement, mais les habitants des montagnes y mêlent les préceptes de leur première croyance ; les uns prétendent descendre de Vichnou, les autres se donnent pour ancêtre une espèce de singe nommé *Wouwou*, qui est le gibbon.

Les modernes habitants de Java sont ignorants, crédules, peu jaloux des richesses ; patients et phlegmatiques, ils ne se querellent guère, et ne se battent point, si ce n'est à un jeu qui consiste à s'appliquer des coups de baguette en cadence, jusqu'à ce que l'un des deux antagonistes s'avoue vaincu ; ils aiment aussi beaucoup les combats de coqs. Les grands dédaignent ces luttes innocentes ; celles des animaux faibles et vulgaires ne satisfont point assez l'instinct violent qui sommeille sous leur indolence ; des hommes aux prises avec des tigres sont leur luxe et leurs plaisirs choisis, et, pour y satisfaire, on entretient toujours quelques-uns de ces terribles animaux dans le voisinage de leurs palais.

La langue javanaise est harmonieuse et se prêterait parfaitement aux douces inflexions de la musique, mais celle de ce peuple n'est qu'une psalmodie monotone et traînante. La danse, à laquelle ils prennent un grand plaisir, ne peut guère paraître, aux yeux d'un Européen, qu'une suite de contorsions fatigantes et sans grâces.

Une partie seulement de Sumatra appartient aux Hollandais, l'autre est indé-

Imp. Lemercier Paris

Musicien — Danseuse Javanaise. — Négociant. — Garde du Corps du Sultan du Djocosarta. — Prévôt d'armes. — Colporteur.

pendante et partagée en plusieurs royaumes, qui ont leurs sultans et leurs gouverneurs ou *radjahs*. La plupart des capitales de ces chétifs empires sont formées de quelques cabanes construites en bambou et en nattes, et couvertes en chaume ou en feuilles de palmier. Quelques-uns de ces peuples offrent un mélange très-singulier de mœurs civilisées et de coutumes féroces. Il en est qui savent lire et écrire, qui sont fort hospitaliers et ont le détestable usage de manger la chair de leurs prisonniers de guerre et de leurs criminels. D'autres, croyant que les âmes des morts passent dans le corps des tigres, se gardent bien de faire la chasse à ces animaux, et se laissent dévorer par eux avec un grand respect. Les peuples de l'île de Timor adorent le caïman ou crocodile, et lui offrent quelquefois des jeunes filles en sacrifice. Les indigènes de Bornéo s'arrachent une ou plusieurs dents de devant et en substituent d'autres en or.

L'insalubrité qui règne sur les côtes de cette île détourne les Européens de visiter l'intérieur. On y récolte la résine de benjoin, dont le parfum ressemble à celui de l'encens, les gommes nommées sandaraque et sang-dragon, le poivre, le gingembre, la muscade, le girofle et des joncs précieux, que l'on appelle *rotangs*.

L'île Célèbes renferme ce que la végétation a de plus extraordinaire, de plus bienfaisant, et ce qu'elle a de plus perfide : l'arbre *à pain* et l'upas. Le premier porte des fruits qui, parvenus à leur maturité, acquièrent une grosseur égale à celle de la tête d'un enfant ; ils sont farineux, d'un goût agréable, qui rappelle celui du pain de froment et de la pomme de terre. Pendant huit mois de suite, ces fruits se renouvellent avec une telle abondance, que trois de ces arbres suffisent pour nourrir un homme pendant toute une année.

L'upas donne la mort; de son tronc, qui acquiert jusqu'à trente-trois mètres de haut, les *Macassars*, sauvages des Célèbes, extrayent un poison actif, dans lequel ils trempent la lame longue et serpentante de leur *cric* ou poignard.

POLYNÉSIE

Plusieurs des courageux navigateurs qui nous ont enrichis de leurs découvertes dans cette partie de l'Océanie ont trouvé sur ses bords une mort cruelle; mais cette mort n'a pas été stérile : ils ont ouvert la voie à d'autres explorateurs et préparé ainsi aux peuples inconnus jusqu'alors une ère de civilisation dont ils se montrent dignes. Taïti a été la première à renoncer à l'idolâtrie. Ses femmes n'ont retenu de leurs habitudes sauvages que l'abandon qui peut ajouter à leurs grâces : elles mêlent toujours les fleurs à leurs parures, mais la religion leur a appris la décence et la réserve. Les habitations sont ornées de meubles faits à l'instar de ceux d'Europe, on emploie pour les vêtements les draps de France et d'Angleterre; les repas mêmes se composent de nos mets; l'agriculture, le commerce, la marine, font de grands progrès. Taïti a son gouvernement régulier, sa chambre des députés, dont les membres sont élus par tous les habitants.

De semblables améliorations se sont opérées aux îles Marquises. Les Marquesans surpassent en beauté tous les peuples de l'Océanie; mais ils ont conservé l'usage de se *tatouer*, c'est-à dire d'insinuer sous l'épiderme des dessins en couleur qui dénaturent celle de leur peau. Ces ornements singuliers sont toutefois disposés avec une régularité et une élégance qui dénotent un certain goût. Les femmes sont presque aussi blanches que nos plus brunes Européennes, et se tatouent moins que les hommes. Le gouvernement des Marquises est établi, comme celui de Taïti, sous la protection de la France. Une reine de la dynastie des Pomaré réside à Noukahiva. Elle tient sa cour selon le cérémonial européen. On a pu rire de l'aspect bizarre que doit offrir en ces occasions une assemblée si novice, mais il est constant que les intelligents Marquesans n'agissent point en cela par un désir puéril d'imitation, mais pour s'élever à une supériorité de civilisation qu'ils comprennent et qu'ils apprécient.

Owaïhi, la plus considérable des îles Sandwich, qui fut tristement célèbre par la mort du capitaine Cook, paraît maintenant destinée à le devenir glorieusement par ses progrès. Les habitants, aidés par les Anglais et les Américains, ont construit une vingtaine de vaisseaux marchands avec lesquels ils font déjà des voyages lointains. Ils sont affables, doux, laborieux autant qu'on les a dit cruels et perfides. Les missionnaires ont établi chez eux des écoles, des cours publics; plusieurs imprimeries multiplient les ouvrages de morale et de science, et publient des journaux qui renferment, outre les nouvelles du pays, des extraits de ceux d'Europe et d'Amérique. Les chefs ont adopté le costume européen; leurs plaisirs sont les courses de chevaux, les représentations théâtrales, les jeux de cartes, les boules. Le peuple ajoute à la draperie, qui constitue son costume, des colliers et des ornements faits de fleurs.

La Nouvelle-Zélande n'a pas encore participé à ces heureux progrès; nous y retrouvons toutes les erreurs de l'ignorance et les excès de la barbarie. Le tatouage, que les Néo-Zélandais pratiquent d'une manière plus bizarre que tous les autres peuples océaniens, est chez eux un privilége réservé aux nobles. C'est à l'âge de vingt ans que les jeunes gens subissent cette opération; s'ils s'y refusaient, ils passeraient pour lâches et ne pourraient prétendre aux honneurs militaires.

Les gens du peuple acquièrent cette décoration par des faits d'armes. Les Néo-Zélandais sont actifs, industrieux, persévérants, intelligents, pour le commerce surtout, très-courageux, défiants et susceptibles; leur colère n'a pas de durée, mais elle est terrible, et ils ne pardonnent jamais. Après le combat, ils mangent les chefs vaincus, et cela avec d'autant plus de rage qu'ils croient que l'âme d'un homme dévoré par ses ennemis est condamnée à un feu éternel.

Comment maintenant expliquer certains traits de générosité naturelle que l'on cite de ces redoutables anthropophages et la tendresse qu'ils témoignent pour leur famille? On exprimait à un de leurs chefs quelque défiance sur sa fidélité à remplir ses engagements : « Un prince ne trompe jamais ! » dit-il fièrement; et il tint pa-

Bocquin lith | Lebas del | Imp. Lemercier Paris

Habitans de Nouka-Hiva (îles Marquises). Naturels et Pirogue de la Nlle Zélande

role. Un autre, ayant massacré plusieurs Anglais, vint avouer son action et se livrer à la nation qu'il avait offensée.

Leur organisation publique dénote un esprit d'ordre et de prévoyance très-sage : leurs villages sont fortifiés par plusieurs rangs de palissades et de fossés, des sentinelles veillent aux portes ; les maisons, construites sur deux rangs, le long des palissades, laissent au centre une sorte de place d'armes coupée par trois édifices publics, qui sont : le magasin d'armes, celui des vivres et celui des instruments de pêche.

Les maisons, très-basses, sont décorées de sculptures plus ou moins nombreuses, selon le rang des propriétaires. Ils y passent rarement la nuit et préfèrent dormir en plein air, enveloppés d'un tissu de nattes. Pendant le sommeil, ils sont assis, les pieds ramassés sous leur corps.

Ils se nourrissent principalement de racines de fougère grillée et pulvérisée; la patate douce, sorte de pomme de terre, est le mets le plus délicat qu'ils connaissent. Ils y joignent le produit de leur chasse.

Ils façonnent fort habilement les nattes dont ils se couvrent; elles sont d'un tissu fin et soyeux, quelquefois d'une blancheur éclatante ou couvertes de dessins bigarrés et garnies de poils de chèvre ou de plumes d'oiseaux.

Leurs hameçons et leurs armes sont en os de baleine; leurs barques, construites de planches bien jointes, attachées avec de forts osiers, sont ornées de sculptures qui représentent ordinairement des têtes effrayantes et furieuses.

Les Néo-Zélandais conservent le souvenir des hauts faits de leurs ancêtres dans des chansons qu'ils accompagnent sur deux ou trois espèces de flûtes dont ils tirent des sons avec leurs narines. Ces instruments sont souvent des os humains ornés de gravures et d'incrustations.

Ils mesurent le temps par nuits, par lunes et par années composées de cent lunes; c'est d'après ce système qu'ils comptent leur âge et l'époque de tous les événements.

Une certaine révélation de la vérité se mêle à leur superstition : ils croient en un Dieu invisible, éternel et conservateur du monde, et parlent de l'âme comme d'un souffle intérieur qui se sépare du corps au moment de la mort. Ils ont, en outre, des génies protecteurs des villages et des dieux malfaisants et cruels qu'ils appellent *atouas*.

Nous devons encore mentionner une loi singulière nommée le *tabou*, et qui consiste à dévouer momentanément une personne ou une chose à la divinité offensée pour apaiser son ressentiment. Une personne tatouée ne peut point se servir de ses mains pour manger; les riches, dans ce cas, se font aider; les autres se baissent à terre pour prendre leur nourriture. On ne peut employer aux usages ordinaires les choses ainsi consacrées sans s'exposer à être exterminé par la colère des dieux. Cette loi, quelque singulière qu'elle paraisse, est souvent très-utile pour protéger les personnes ou les propriétés contre la violence d'un peuple dénué de règles de police; aussi les chefs l'emploient-ils fréquemment.

Aux Iles-des-Amis, où cette loi est aussi en usage, celui qui est soupçonné d'avoir touché au *tabou* est soumis à une épreuve qui rappelle notre jugement de Dieu : on le fait baigner dans des endroits fréquentés par des requins; s'il est mordu, il passe pour coupable; dans le cas contraire, son innocence est reconnue.

Les archipels de l'Océanie tiennent de leur plus ou moins d'éloignement du pôle antarctique des climats différents : celui de la Nouvelle-Zélande a la température de Paris. Il est privé des palmiers élégants et du merveilleux arbre à pain, mais il possède toutefois de belles forêts qui pourront plus tard être utiles pour la construction, et des sources abondantes; le myrthe-thé peut y remplacer le thé de la Chine. Les seuls quadrupèdes particuliers à cette région sont le rat, une espèce de chien renard et d'énormes lézards; les poissons abondent dans les baies et les rivières; ils se présentent en bandes si nombreuses, qu'elles semblent des îles flottantes et forment comme un courant dans la mer.

MÉLANÉSIE

L'AUSTRALIE ou NOUVELLE-HOLLANDE, terre vaste, féconde et riche en quelques-unes de ses parties, appelle à elle tous les labeurs, elle a des récompenses pour tous : aux travailleurs, elle promet des productions utiles, elle donne dès à présent de l'or; aux cœurs charitables, elle offre des populations à persuader, à gagner au bien qu'ils ignorent ou qu'ils ont oublié.

De tous les Européens qui visitèrent l'Australie, les Anglais seuls ont su s'y fixer. Ce lieu sévère, isolé, leur parut propre à l'établissement d'une colonie d'expiation et d'épreuve pour les criminels, et ils fondèrent à cet effet plusieurs villes dans la Nouvelle-Galles du Sud. Elles ont prospéré et sont actuellement dignes de devenir les centres de colonies d'honnêtes travailleurs. PORT-JACKSON est un des plus beaux du monde. Les capitales des États parfaits n'ont rien à envier à SIDNEY : elle est le siége d'un évêché anglican; elle possède des établissements scientifiques, utiles aux colons savants et aux spéculateurs; des observatoires, des banques, des écoles de commerce, d'agriculture et d'horticulture. Son port magnifique, ses quais, son phare, lui donnent l'aspect d'une cité maritime d'Angleterre. Ses environs récoltent tous les produits de l'Europe et ceux des tropiques, et la beauté de son climat l'a fait surnommer le Montpellier de l'Océanie. Privés des relations qui les portaient au mal, distraits par un travail qui leur donne l'abondance, les *convicts* ou condamnés y recouvrent ou y contractent de bonnes mœurs; la rareté des vols témoigne de cette amélioration.

Depuis peu d'années une Californie nouvelle a été découverte dans une autre partie des possessions anglaises : un naturel du pays, en faisant paître les troupeaux de son maître, trouva, dans un bloc de quartz, un morceau d'or pur du poids de cent livres; jamais une masse semblable ne s'était encore rencontrée dans le monde. Comme nous l'avons vu précédemment au Mexique, la fièvre de l'or gagna la colonie : fermes, troupeaux, ateliers, comptoirs, furent abandonnés pour courir aux *placers*, c'est-à-dire aux endroits où gît le précieux métal. Les établissements ont souffert de cette privation de bras, mais l'Australie va trouver une nouvelle source de richesse dans l'affluence que ses mines y attirent de tous les pays d'Europe.

Les MONTAGNES BLEUES étendent leur barrière entre la Nouvelle-Galles et l'intérieur de l'île. Jusqu'à présent aucune expédition n'a pu être conduite assez loin pour nous apprendre ce que renferme cette vaste étendue.

Les naturels de l'Australie ont quelques vertus natives qui ont dû rendre faciles les rapports des colons avec eux; ils n'éprouvent pas cet irrésistible désir de voler qui domine les insulaires de la Polynésie; les liqueurs fortes ne les flattent point, une grande propreté règne dans leurs cabanes; on loue surtout le respect qu'ils témoignent aux vieillards. Ils ne sont pas, toutefois, exempts des instincts malicieux ordinaires aux sauvages, et on doit toujours craindre de s'exposer à leur vengeance.

Ils ont une grande variété d'armes faites de bois très-dur habilement travaillé, des haches de pierre fort redoutables et des boucliers d'écorce ou de bois. Les naufrages sont pour eux des coups de fortune; quand un passager survit à son navire, les insulaires l'obligent à les accompagner dans leurs expéditions, afin qu'il fasse usage des armes à feu dont eux-mêmes n'osent se servir.

Le nom de Mélanésie, donné à toute la partie méridionale de l'Océanie, indique qu'elle est la patrie de la race noire océanienne, dispersée parmi plusieurs peuples, et mêlée particulièrement à celui des PAPOUS, dans la NOUVELLE-GUINÉE.

Là où habitent les tribus nègres, toute civilisation cesse; et tant sont profondes les ténèbres morales où végète ce peuple, que, en comparant son intelligence à celle du singe, dont il a les formes hideuses, on est tenté de se demander lequel des deux est l'animal.

Décence, miséricorde, tempérance étant pour ces infortunés des mots vides de sens, on a essayé de les attirer d'abord par la jouissance des biens dont ils sont

Naturels de l'australie pillant des débris de naufrage

privés; on a voulu leur bâtir des maisons, leur fournir des aliments sains et abondants, mais l'aisance et l'ordre qu'ils voient dans les villes ne les tentent pas; ils préfèrent leur misère avec la liberté.

La malpropreté la plus dégoûtante ajoute à leur laideur. Pour se débarrasser du poids de leur chevelure et de leur barbe lorsqu'elles deviennent trop longues, ils les brûlent; ils se frottent tout le corps d'huile de poisson afin de garantir leur peau des injures de l'air et des moustiques. Quand ils se préparent à la danse, ils colorent de blanc leur visage, et de rouge quand ils vont au combat. D'autres tracent autour de chaque œil un cercle blanc, quelquefois ils se font des plaies profondes qui, en se cicatrisant, figurent sur le corps des échelons et des coutures qui passent pour des ornements très-distingués. Au moyen d'une gomme qu'ils trouvent sur les arbres, ils fixent dans leurs cheveux des arêtes de poissons, des dents de kangouros, des queues de chien.

Les habitants des côtes ne vivent que de poissons; ceux qui demeurent dans les bois se nourrissent de racines de fougère, de miel sauvage; presque aussi agiles que les écureuils, ils grimpent aux arbres pour y poursuivre ces petits animaux. Les peuplades qui demeurent dans les contrées centrales n'ont point la ressource de la chasse et de la pêche et sont réduites à dévorer les grenouilles, les serpents, diverses espèces de grosses chenilles; ils ne dédaignent point une sorte d'araignée monstrueuse, et les fourmis, si nombreuses sur leur sol, leur sont encore une pâture facile à recueillir. Lorsque les vivres leur manquent absolument, ils tuent les nouveaux-nés.

Quand ils ont choisi la femme qu'ils veulent épouser, ils épient son passage ou vont la surprendre dans sa retraite; alors ils l'accablent de coups de bâton ou d'une épée de bois, la jettent à terre, et quand elle est baignée dans son sang, ils la rapportent à leur maison. Ce début indique assez quelle est la rigueur de leur condition chez leurs maris.

A l'âge de quinze ans, les garçons subissent une opération qui consiste à percer la cloison du nez pour y passer un morceau d'os ou de roseau. C'est aussi au même âge qu'ils sont élevés au rang d'homme en se faisant enlever une dent de devant. Après ces formalités ils ont le droit de porter la lance et le casse-tête.

C'est dans la construction de ces instruments de défense et par leur adresse à les manier que l'on reconnaît qu'ils sont des êtres intelligents. Leurs javelots, lancés au loin à l'aide d'une vue perçante et d'un bras exercé, peuvent être redoutables même aux Européens.

Ils ont une vague idée d'une existence future et croient qu'après leur mort ils retourneront dans les nuages d'où ils sont originairement descendus.

Consolons-nous, la lueur du souffle divin brille encore au fond de tant de misère et d'abjection; on a vu ces malheureux pleurer au souvenir d'un être chéri et regarder tour à tour sa tombe et le ciel. Ils aiment, ils espèrent... ils croiront!

FIN

TABLE

www.ingramcontent.com/pod-product-compliance
Ingram Content Group UK Ltd.
Pitfield, Milton Keynes, MK11 3LW, UK
UKHW020928180726
13838UKWH00002B/815